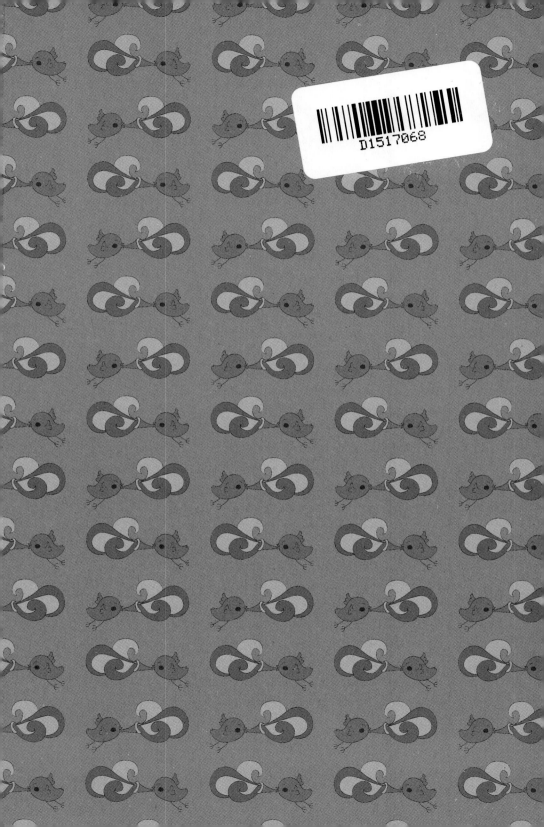

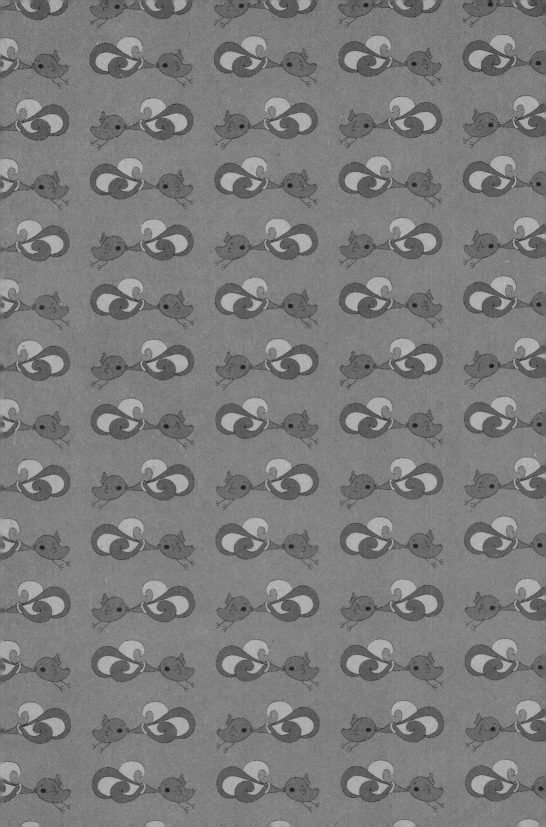

J.M. DeBORD

DESCUBRE Y VIVE TUS SUEÑOS

Barcelona · México · Bogotá · Buenos Aires · Caracas · Madrid · Miami · Montevideo · Santiago de Chile

Título original: *DREAMS 1-2-3*

Descubre y vive tus sueños
Primera edición en México, agosto de 2014

© 2013, J.M. DeBord
          Publicado con autorización de Hampton
          Roads Publishing Company Inc.
D.R.© Ediciones B México por la traducción.

D. R. © 2014, Ediciones B México s. a. de c. v.
          Bradley 52, Col. Anzures,
          11590, México, d. f.
          www.edicionesb.com.mx
          editorial@edicionesb.com

isbn 978-607-480-661-8

Para mi alma gemela, Lisa;
quien hizo que mis sueños se hicieran realidad.

Índice

Agradecimientos

Mi agradecimiento a toda la gente talentosa que hizo aportaciones a este libro.

A mi compañera Lisa, no sólo por compartir sus sueños sino también por su apoyo durante los años de trabajo mientras yo escribía y publicaba.

A mi representante Lisa Hagan que quien me proporcionó la orientación que muchos escritores desearían tener.

Mi editora Caroline Pincus, merecedora de la mayor parte de mi agradecimiento por sacarle brillo al manuscrito, reconociendo su potencial y convirtiéndolo en un hermoso libro.

Mi mentor Larry Pesavento, el primero que me impulsó a interpretar mis sueños.

Quiero agradecer a dos usuarios de Reddit: Alyssa Graybeal, quien voluntariamente me proporcionó sus servicios editoriales, lo cual fue de gran beneficio porque encontró la forma de estructurar el texto y presentar mejor la información, también a Bob H. Howell, quien diseñó la primera portada de este libro.

Estoy en deuda con todos los involucrados y en general, con la comunidad de Reddit Dreams por sus aportaciones. ¡Gracias!

Introducción

Antes del siglo xx, la interpretación de los sueños era parte de la familia, de la comunidad y de la vida espiritual de mucha gente. Cualquiera podía descifrar los sueños, porque cada uno en esencia es un intérprete de sueños.

Posteriormente, con la llegada de la psiquiatría moderna, la interpretación de los sueños fue excluida de la opinión pública y se mantuvo oculta detrás del léxico científico. En esos días, la interpretación de los sueños era dominada por los especialistas, psicólogos y gurús, quienes empezaron a cobrar por dar información.

En la actualidad, si usted desea saber el significado de los sueño, tiene que pagarle a alguien para que los interprete, lo cual es poco asequible. Esto es lamentable, porque los sueños tienen el poder de cambiar nuestras vidas y juegan un rol importante para determinar el futuro.

Una vez que usted comprenda cómo funciona cada uno de los elementos de sus sueños, no tendrá ninguna dificultad para descifrarlos.

Descubre y vive tus sueños es un libro que le enseña, de forma autodidacta, a interpretar sus sueños a partir de conceptos que cualquiera puede entender y aplicar. Los intérpretes de sueños experimentados han aprendido muchas cosas leyendo este libro, pero está hecho especialmente para principiantes. Está escrito para usted.

Bienvenido al viaje de la vida, que lo cambiará en una forma muy positiva.

Haber escrito estas palabras es el resultado de un sueño que se volvió realidad. «Soñé» con escribir un libro innovador y verlo publicado (lo cual se hizo posible), pero también tuve un sueño que indirectamente me mostró algo:

> *Estaba en una tienda de ropa y decidí comprar un abrigo para el trabajo. Olvidé la cantidad exacta de dinero que cuesta, pero recuerdo bien que es todo el dinero que tengo. El empleado que me atiende sube el precio, por lo que le pido que cancele la venta. Después les doy un sermón al empleado y al gerente por el precio excesivo de los abrigos.*

Las pistas para encontrar el significado de este sueño son perceptibles, si se vinculan con los sucesos de mi vida.

La tienda es el lugar donde hay diversas opciones y se toman decisiones. El abrigo es la ropa relacionada con una profesión, identidad y personalidad. La cuenta bancaria es donde se almacenan los recursos.

En los días previos al sueño recién entré a un trabajo como gerente de un hotel en San Francisco. Pensaba que era un estupendo empleo, pero después de unos días de trabajo mi «sueño» se vio de frente con realidad: el hotel necesitaba más de lo que yo podía dar. Trabajar allí significaba adquirir una nueva identidad como gerente del hotel (yo no había imaginado que el precio era tan alto), lo cual se manifiesta en mi sueño a través del abrigo, que es muy costoso, pues para adquirirlo tengo que agotar mis propios recursos, simbolizados en el sueño como mi cuenta bancaria. Además de que en mi sueño el abrigo que estoy tratando de comprar cubre mi verdadera identidad.

Así que tuve que admitir lo que ya sabía: debo seguir mis sueños en lugar de gastar mi energía en una organización que se hunde.

Empecé a escribir *Descubre y vive tus sueños* el día que dejé el hotel, sin embargo, empecé desde hace veinte años en realidad, cuando descubrí la interpretación de los sueños y cómo cambian tu vida.

Buscando ayuda para vivir mis sueños, es decir, para lograr mis metas y ambiciones, me dirigí hacia la oficina del asesor Larry Pesavento, el autor de *Toward manhood: Into the wilderness of the soul.* En vez de repetir el gastado consejo de administrar mi tiempo y ser más disciplinado, Larry me pregunto cuál era mi sueño de vida. Parecía un poco extraño al principio, pero yo había escuchado en algún lugar que los sueños dicen más de lo que pensamos, así que entré al juego.

Larry me mostró que las respuestas que buscaba podía encontrarlas en mis sueños, y mi vida cambió en más sentidos de los que puedo contar: obtuve muchos conocimientos, sané viejas heridas, rompí esquemas, retomé prioridades, confié en mis sentimientos y aprendí a construir el futuro que quería.

Ahora, vivo mis sueños literalmente y estoy en el proceso de lograr mis metas y ambiciones.

Lo que Larry me enseñó, es que todo tipo de magia se puede embotellar y vender, o escribir y vender, como este libro.

Trabajar en los sueños es un proceso muy personal. Usted puede tener un sueño idéntico al mío, pero su significado será completamente diferente. No existe una llave maestra para interpretar los sueños, ni existe un significado universal por cada símbolo, pero hay formas de conectar los sueños con su vida y descubrir lo que nos quieren decir.

Descubre y vive tus sueños abre nuevas perspectivas en la interpretación de los sueños, haciéndolos comprensibles para todo el mundo. Puede que sea diferente a otros libros, ya que no es académico ni esotérico.

Supongo que usted no tiene un conocimiento previo sobre cómo interpretar los sueños, ya que es un proceso en el que hay que ir paso a paso, utilizando ejemplos claros e informativos. En mi caso, obtuve ejemplos de mi experiencia como moderador en el sitio de internet Reddit Dreams, un popular foro sobre sueños, y a lo largo de dos décadas de estudio personal.

Generalmente, aprendemos mejor con ejemplos, así que en vez de simplemente decirle lo que significa algún símbolo, personaje o escenario, se lo muestro a través de varios sueños que he interpretado.

Con los ejemplos provenientes de diferentes personas, usted podrá recordar sus propios sueños y establecerá conexiones que le permitirán entender su significado.

Aprender a descifrar sus sueños es similar a dominar un idioma extranjero. El lenguaje de los sueños tiene sustantivos (personajes y escenarios), verbos (las acciones del sueño y reacciones del soñador) y adjetivos (símbolos y sentimientos).

Al principio, solamente entendemos palabras y frases simples, después logramos comprender oraciones y párrafos, posteriormente entendemos humor, ironía y modismos. Finalmente podremos entender el lenguaje y hablarlo con fluidez.

A través de este libro, le enseñaré a comprender el lenguaje de los sueños como hablante nativo.

Lo primero es recordar los sueños y llevar un diario. Doy muchos consejos y sugerencias, incluso las personas que no logran recordar sus sueños aprenderán a hacerlo.

Muestro cómo la estructura de los sueños proporciona pistas sobre el significado y cómo los sueños pueden ser entendidos como historias completas y concretas. También le mostraré símbolos clave y arquetipos que revelan el significado de la mayoría de los sueños.

Parece un hueso duro de roer, pero quiero compartir con usted las herramientas que pueden ayudarlo a conocer el significado, incluso de los sueños más oscuros o inescrutables.

La interpretación de los sueños, no es tan difícil como parece, sólo requiere de práctica y usted podrá aplicar lo aprendido a sus propios sueños. El objetivo de recordar e interpretar los sueños es aprovecharlos para su beneficio personal, por lo que también quisiera mostrarle cómo «vivir sus sueños», literalmente.

Sus sueños pueden resolver problemas, ayudarlo a tomar decisiones, mejorar su creatividad, impulsarlo a descubrir o potenciar sus habilidades, sanar heridas, conciliar emociones y recuerdos, provocar y estimular el crecimiento personal, incluso puede construir su futuro a un nivel energético.

La vida de los sueños no termina cuando usted se despierta; si no que continúa a lo largo del día, cuando usted piensa y trabaja con ellos en su imaginación. En este libro le mostraré cómo hacer esto.

En la «Guía de símbolos» analizaremos una gran variedad de tópicos y temas que aparecen de forma general en los sueños, como volar, colores, amor, sexo, incluso redes sociales y videojuegos.

En lugar de abarcar cada posible significado, me enfoco en lo general para que usted pueda interpretarlos por sí mismo.

Concluiremos con las interpretaciones de algunos sueños fascinantes y detallados que he tenido el placer de analizar.

Mi esperanza es que, al final, usted sea capaz de descifrar el significado de sus sueños y los utilice para su beneficio. Si puedo ayudarlo a lograr eso, le habré dado el mayor regalo que yo he obtenido: el don que cambiará su vida.

Trabajar con los sueños es realmente gratificante, porque mi vida ha cambiado de gran manera, pero es aún más gratificante cambiar la vida de otras personas ofreciendo mis interpretaciones y dando asesorías en sitios de internet y otros lugares. Es realmente sorprendente que yo pueda, desde mi computadora, difundir este conocimiento en todo el mundo, tocando la vida de las personas que nunca conoceré personalmente. Las respuestas y agradecimientos que recibí me animaron a publicar. Me hicieron darme cuenta de la necesidad de explicar los sueños de forma sencilla, para que cualquiera los pueda entender, pero lo suficientemente precisa para que los lectores accedan al significado e intención de sus sueños.

Con este libro, usted estará suficientemente preparado para comprender sus sueños. Aprenderá cómo recordarlos y registrarlos en un diario, entenderá símbolos y arquetipos, reconocerá escenarios e interpretará metáforas, pero lo más importante es que podrá integrarlos a su vida, para abordar los problemas de su pasado y su presente, y así crear un mejor futuro.

Con estas herramientas, usted conocerá, mejor que nunca, a la gente que le rodea; y se descubrirá a sí mismo como una mejor persona, capaz de vivir la vida al máximo.

Esto es lo que verdaderamente significa «descubrir y vivir sus sueños».

Aviso

Los sueños se han utilizado en la terapia psicológica por más de un siglo, sin embargo, este libro ofrece una perspectiva laica de todas las interpretaciones que se han hecho, desde la edad antigua hasta la actualidad.

Descubre y vive tus sueños explora conceptos psicológicos y temas relacionados con los sueños, pero su contenido no es útil para diagnosticar o tratar desórdenes mentales, ni cuestiones psicológicas de ningún tipo. Tampoco es útil para tratar aspectos físicos o emocionales de salud.

La interpretación de los sueños, puede provocar cambios muy fuertes en una persona, por favor utilícela sabiamente.

Definiciones útiles

Antes de adentrarnos en cómo recordar los sueños y llevar un diario, les daré algunas definiciones útiles para que todos nos encontremos en la misma página.

El inconsciente

A lo largo de este libro, me refiero al inconsciente como la contraparte de la conciencia. Todo está hecho de contrarios, por lo que la mente inconsciente puede ser considerada como un opuesto o contraparte a la mente consciente. El inconsciente es la parte de la mente que crea los sueños, por lo tanto es un concepto importante para comprenderlos.

El inconsciente, según el psiquiatra Carl Jung, contiene la memoria de toda la historia humana. Está lleno de misterio e imágenes fantásticas que cruzan fronteras culturales y aparecen en los sueños de gente de todo el mundo y conecta todas las mentes.

Sigmund Freud tenía una idea diferente: él veía al inconsciente como un lugar donde estaban almacenados los deseos infantiles y las necesidades que van más allá de lo individual.

Me suscribo a la concepción de Jung acerca del inconsciente, simplificando la idea, por lo que la describiré como una parte de la mente que es independiente, pero es complementaria a la parte consciente.

El inconsciente es, por decirlo de otra forma, un punto de vista objetivo que difiere de la conciencia, porque se extrae del pozo más profundo de la memoria y no tiene puntos ciegos o ego que defender.

Cuanto más trabaje con sus sueños, más cerca estará de comprender ambos lados. El objetivo final es la unidad.

Sea precavido y evite confundir al inconsciente con otros conceptos, por ejemplo: «Lo noqueó y lo dejó inconsciente (privado de sentido)». «Se quedó dormido de forma inconsciente (involuntariamente)». «Es un funcionario inconsciente (que actúa de manera irresponsable)».

En mis primeros días de estudio de la teoría de los sueños, la variedad de significados me confundió. Es por eso que trato, en lo posible, de utilizar las frases «el lado inconsciente de la mente» o «la mente inconsciente» en lugar de decir simplemente «el inconsciente».

El subconsciente

La diferencia entre el subconsciente y el inconsciente puede ser difícil de distinguir. Piénselo de esta manera: el subconsciente es la zona media entre las partes conscientes e inconscientes. Es el lugar donde la información se transmite de ida y vuelta. Algo que está justo debajo de su conciencia se llama «subconsciente». Si comparamos esto con el béisbol, podemos decir que el subconsciente es el lugar donde los bateadores se preparan para tomar su turno y salir a batear.

El ego

El ego es otro término en la interpretación de los sueños que usualmente no es bien entendido. Muchos de nosotros pensamos en el ego como algo que puede ser herido. Asociamos ego con orgullo, terquedad o arrogancia, pero en este libro la palabra se usa en un sentido más psicológico, como la parte de sí mismo que se asocia con su nombre. Es la voz principal en su cabeza, lo que la gente quiere decir cuando dice «yo».

El ego está asociado a la identidad personal y a la toma de decisiones. A menudo los sueños nos relatan historias entre el ego y el resto de la mente, o entre el yo y su entorno: la gente, las condiciones y circunstancias.

En mi opinión, en la mayoría de los sueños se representa, de alguna manera, el ego del soñador.

Recordar los sueños

Recordar los sueños es el paso inicial y el más importante, frecuentemente también es el de mayor dificultad, porque a veces parece que los sueños son imposibles de recordar o creemos que no vale la pena el esfuerzo, sobre todo si los sueños son oscuros o dolorosos. En realidad no es tan difícil, sólo hace falta práctica y buenas estrategias.

A menudo la gente piensa que no sueña, sin embargo es útil saber que, salvo en casos de daño cerebral, todo el mundo sueña. Las personas en estado de coma, los bebés en el vientre materno e incluso los animales sueñan.

Si usted piensa que no sueña es porque simplemente no recuerda sus sueños.

En mi experiencia, la incapacidad de las personas para recordar sus sueños, por lo general, se reduce a la falta de tiempo o deseo. Si usted está muy ocupado y distraído cuando se despierta por las mañanas, sus sueños con frecuencia se escaparán. Sin embargo, todo el que trata de recordar sus sueños tiene éxito.

Aquí hay algunas sugerencias para recordar los sueños:

Hable con usted mismo la noche anterior

Antes de dormir, dígase a sí mismo que recordará sus sueños. Hágalo, repítalo muy en serio, como un proverbio: «Voy a recordar mis sueños».

Cualquier cosa que se repita a sí mismo tres veces con toda la convicción antes de dormir tendrá efecto. Si tiene dificultad para decirlo con convicción, podría estar internamente bloqueado: usted dice que quiere hacer algo, pero en realidad no lo hace o piensa que no puede. Si ese es su caso, relájese y deje que el deseo de hacerlo llegue naturalmente.

Al leer este libro usted está plantando una semilla en su subconsciente y, una vez que conozca el valor y el beneficio de sus sueños, deseará realmente recordarlos, así la convicción necesaria para decirlo crecerá plenamente.

Escriba sus sueños

Tómese su tiempo para recordar y anotar sus sueños tan pronto como usted se despierte. Si usted normalmente comienza su día con prisas, será necesario hacer un ajuste de tiempos, pero este paso es esencial.

Analice sus sueños antes de acostarse

Si recuerda los sueños de la última vez que durmió, analícelos leyendo su diario antes de dormir. Examinar sus sueños anteriores preparará su mente para los sueños de esa noche.

No se mueva

Permanezca en la misma posición en la que estaba la primera vez que se despertó. Esta señal física ayuda a refrescar los recuerdos en la memoria y ayuda a recordarlos. Conozco a alguien que recuerda sus sueños tan pronto como se va a la cama, porque los recuerdos son estimulados tan sólo por volver a la misma posición para dormir.

Medite

Una mente clara y sensible con su entorno es de gran ayuda para recordar sus sueños. No deje que la palabra meditación lo asuste. La meditación es cualquier actividad que mantiene su mente de una forma relajada, así que un paseo tranquilo cuenta para que usted se relaje y despeje su mente.

Sea paciente

Los recuerdos de sus sueños nunca se pierden, sólo se guardan. Puede haber una buena razón por la cual usted bloquea algunos recuerdos de sus sueños: pueden ser demasiado difíciles de aceptar.

El trabajo preliminar puede ser determinante para que los mensajes logren ser recibidos. Cuando se trata de trabajar con los sueños está bien ser como una tortuga en lugar de una liebre.

Para la mayoría de la gente, los recuerdos de los sueños desaparecen tan pronto se despiertan, aunque la ventana de la oportunidad permanece abierta con la práctica. Así que tenga el hábito de preguntarse a sí mismo tan pronto como se despierte: «¿qué soñé?». Mantenga otros pensamientos a raya y hágase introspectivamente esa pregunta. Es como tener la mirada fija en una noche oscura, esperando a que las cosas tomen forma. En esos vacíos se encuentran los recuerdos de sus sueños. Un solo flash de un sueño es suficiente para darle forma al resto. Relájese, respire profundamente, busque en su memoria. Si el fragmento de un sueño viene a la mente, pregúntese si se describe un panorama más amplio.

Veamos el siguiente ejemplo:

> *Me despierto de un sueño y sólo recuerdo que estaba con mi hermano en una fiesta de disfraces.*

Para recordar el resto del sueño me pregunto por qué estábamos ahí, cómo llegamos, qué es lo que traíamos puesto. Entonces recuerdo que habíamos ido a la fiesta después de visitar a nuestra madre. Al preguntar por qué la visitábamos, recuerdo que recogimos los disfraces que ella nos hizo.

Una vez que ya se tiene una pista inicial, se apunta más lejos en los recuerdos del sueño. Generalmente, no necesito mayores estímulos para recordar el resto del sueño, pero si lo requiero voy a seguir el mismo proceso que en el ejemplo anterior, cuestionándome los detalles y prestando más atención a cualquier detalle que se compare o que contraste con la vida real.

Al despertar, se abre la memoria y rápidamente los recuerdos de los sueños desaparecen, aunque durante el día es posible que recuerde otros fragmentos del sueño. Los sueños no se escaparán tan rápido, cuando recién despertamos del sueño o al hacernos preguntas. Si usted olvida un sueño, no se inquiete: los sueños se repiten, mostrándonos el mismo escenario de formas distintas, si es necesario. En mi experiencia, la mente soñadora está ansiosa de ponerse a trabajar, pero el motor puede tardar un poco para encenderse. Si al principio no tiene éxito, siga intentándolo.

Si usted se queda en blanco, cuando se despierta en la mañana, ponga mucha atención a sus sentimientos porque éstos pueden darle una idea de lo que usted soñó. Permita que su imaginación llene vacíos; su intuición y sus emociones saben que ocurrió en el sueño. Algunos destellos del sueño pueden ser recordados en cualquier momento del día. Un simple acto, como sentarse a escribir en su computadora o tomar una taza de café en el cuarto de descanso, puede detonar un nuevo detalle de su sueño y sacarlo a la superficie.

No juzgue su sueño mientras lo está recordando. Esto puede ser un terrible obstáculo producido por el ego, que impide ver el desagradable o incómodo contenido del sueño.

Si su ego es parcial, los sueños sirven para ilustrar qué es lo que está fuera de balance. En cambio, si el ego está evitando verse a sí mismo, hará esfuerzos para conservar sus ilusiones.

Todo lo que ve en un sueño es parte de usted o está conectado estrechamente con su realidad, acéptelo, aprovéchelo. Todo lo que toma forma en un sueño nos cuenta una historia acerca de su vida. Escuche y aprenda, no juzgue.

Si usted ha intentado las sugerencias aquí descritas para recordar sus sueños y todavía se queda en blanco, pruebe las siguientes estrategias:

Duerma la siesta

No ponga ninguna alarma para despertarse. Dormir la siesta en un sofá o en la cama de huéspedes puede estimular el recuerdo de un sueño, así como cualquier cambio en el entorno donde duerme.

Levantarse más temprano

Irse a la cama a la hora normal, pero levantarse quince minutos más temprano es otra opción. En lo personal, no me gusta despertar con alarma porque tiendo a olvidar mis sueños, pero al hacer una investigación descubrí que, cuando la gente se despierta muy temprano en la mañana, mientras está teniendo un sueño, es más probable que lo recuerde.

Dormir más de lo normal

Se sabe que dormir más ayuda a recordar el sueño. Esto le da a la mente y al cuerpo el descanso y la oportunidad de soñar. La gente que comúnmente pasa largos periodos sin dormir tiende a tener sueños extraños. El sueño polifásico, es decir, dormir varias veces en un periodo de veinticuatro horas, también puede afectar el sueño. Una forma extrema y particular del sueño polifásico, conocida como el sueño Uberman, consiste en dormir seis siestas de veinte minutos cada cuatro horas. Esto puede producir sueños aterradores, según la experiencia de algunas personas que lo han intentado. Usted no quiere ser un adversario de su mente inconsciente, por lo que requiere de ciclos completos de sueño de noventa minutos para descansar y recuperar el cuerpo y la mente. Sin este descanso, cualquier persona se debilita mental y físicamente. Además, con cada ciclo de sueño consecutivo, los sueños tienden a ser más largos y más profundos. No tome siestas cortas.

Evite fármacos y otras sustancias

Algunos fármacos inhiben los recuerdos del sueño. En mi experiencia, los medicamentos que ayudan a dormir también afectan los sueños, volviéndolos extraños y sin sentido, o bloquean la memoria. Se supone que en las contraindicaciones se indica si el fármaco afecta el descanso o el sueño. Si usted está tomando algún auxiliar para el sueño, lea detenidamente la etiqueta y consulte a su médico acerca de otros métodos para conciliar el sueño.

Irse a la cama en estado de ebriedad también afecta el sueño, al igual que con cualquier droga. Algunos veteranos de guerra usan cannabis medicinal para evitar las pesadillas y volver al combate. También el alcohol elimina el recuerdo de los sueños e interfiere con el ciclo del sueño.

Es bien sabido que, en los grupos de rehabilitación, poco después de la recuperación de un problema de drogas o alcohol, una persona soñará intensamente. La regularidad de los sueños regresa a la normalidad después de algunos días de sobriedad, o después de descansar de ocupaciones y ajetreo. Los sueños se tornarán intensos porque hay un contenido acumulado, pero es mejor dejarlos seguir su curso que usar algún estupefaciente u otra cosa que los evite.

También he conocido a personas que han dejado de fumar o de tomar medicamentos y curiosamente comienzan a tener y recordar sueños muy intensos.

Si todo lo anterior falla, tómese unas vacaciones y deje la alarma del reloj en casa. Una siesta extra es el mejor estimulante para recordar los sueños.

Consejo

Si usted se despierta a mitad de la noche y recuerda un sueño sólo necesita escribir la idea o símbolo principal. Con esto, la próxima vez que despierte podrá refrescar su memoria y recordar su sueño completamente.

LLEVAR UN DIARIO DE LOS SUEÑOS

Un diario de sueños será su mejor amigo para recordar sus sueños y siempre debe estar al lado de su cama cuando duerma.

Este diario no sólo le proporcionará un registro invaluable, sino que además, seguir el flujo de la escritura es una pista que puede ayudarle a recordar sus sueños. Yo utilizo los mismos cuadernos para hacer listas, tomar notas y darle seguimiento a mis sueños, pero en mis primeros años de trabajo acostumbraba utilizar diarios exclusivos para los sueños.

Al tener algo a la mano para escribir, su mente soñadora estará preparada porque sabe que el papel y la pluma están listos mientras usted duerme. De esta manera tendrá la oportunidad de tener algo que anotar. Tal vez no ocurrirá en la primera ni la segunda noche, pero los sueños vendrán. Usted sólo necesita un buen sueño para hacer que ruede la pelota. Escriba lo más que pueda, incluso las sensaciones y sentimientos son importantes. Si la pluma y el papel no le resultan útiles, use una grabadora de voz, incluso puede usar la computadora si eso le funciona mejor, pero lo que es realmente importante es llevar un registro.

Permítame ofrecerle algunos puntos clave sobre lo que es útil escribir acerca de sus sueños. Comience anotando la fecha. Enliste a los personajes de sus sueños, los escenarios, los símbolos, el tiempo o época, las acciones que ocurren, sus reacciones y cualquier cosa que sienta que es importante o que haga «clic» en su cabeza. No modifique nada ni se censure a sí mismo. Los detalles que parecen triviales o que no tengan sentido en primera instancia pueden ser importantes al momento de interpretarlos, así que escriba todo mientras esté fresco en su mente, incluyendo sus pensamientos y sentimientos sobre el sueño.

Anote las acciones de sus sueños en tiempo presente. Eso ayuda a pensar en un sueño como un instante activo, una situación actual. Esto hará que lo sienta de forma inmediata. Así que en lugar de escribir: «Me dirigí a la tienda y compré un poco de leche, ahí vi a un viejo amigo», escriba: «Me dirijo a la tienda y compro un poco de leche, ahí veo a un viejo amigo».

El tiempo presente es una indicación mental que da acceso a la mente inconsciente.

Agregue un título a su sueño. Un título solidifica el sueño en la memoria y ofrece una forma más rápida para recordarlo después. También los títulos tienden indicar las situaciones recurrentes, escenarios y personajes. Agregue un título una vez que el sueño llegue a ser claro. Le recomiendo poner títulos simples, usando un sustantivo o dos que describan el escenario o los personajes y un verbo que describa la acción.

Más adelante veremos ejemplos de sueños con títulos como: «Plantando un árbol con mi marido» o «Nado con delfines». Otros títulos como «La tormenta de nieve» y «Pies pesados» describen los sueños sin la necesidad de usar un sustantivo y un verbo. Usted adquirirá experiencia de esto con relativa rapidez. Después de relatar sueños en su propio diario, probablemente empezará a notar patrones. Los sueños ocurren en ciclos promedio de aproximadamente tres meses (esta suele ser la norma, pero no es una regla).

En mi experiencia, cuando me siento estancado, mis sueños siguen el ciclo y regresan al mismo punto de donde partí. Cuando tengo un avance en mi vida, mis sueños concluyen. La puerta que estaba cerrada se abrirá. El camino que estaba obstruido será desbloqueado.

No trate de presionar mucho los sueños de su vida. Algunas cosas toman tiempo y no se pueden apresurar.

El patrón circular de mi sueño involucraba un vuelo a París. Algo me impidió llegar a mi destino y mis sueños cuentan la historia desde que perdí un pasaporte, un vuelo de conexión, el taxi llegó tarde, o no había dinero en mi cartera para pagar el boleto. Después mis sueños volaron pero no aterrizaron. El ciclo continuó por varios años, hasta que yo entendí que París significaba realizar mis sueños. Y ahora estoy trabajando para alcanzarlos por medio de este libro. Después de todo, París es un centro literario e intelectual, también es la ciudad del amor, y justo ahora tengo a la persona que amo en mi vida. Entonces ya no hay más sueños en los que esté tratando de llegar a París, mi paraíso.

Esto es fundamental para recordar los sueños. A continuación analizaremos los elementos básicos que se encuentran en la mayoría de los sueños. Esta información le ayudara a identificar la trama de sus propios sueños. Si usted aprende a pensar en ellos como historias contadas a través de símbolos, como las parábolas, entonces podrá recordarlos e interpretarlos, como lo veremos más adelante.

Consejo
Escriba su diario lo más detallado posible. Anotar mucha información nunca está de más.

Los tres elementos clave: símbolos, escenarios y personajes

Yo separo símbolos, escenarios y personajes en tres temas, pero en realidad todos son simbolismos. Los clasifico así porque creo que de esa forma son más comprensibles para entender la estructura del sueño.

SÍMBOLOS

Para iniciarse en la comprensión de los sueños es necesario comenzar con los símbolos, porque todo en los sueños es simbólico, salvo en raras ocasiones, cuando los significados son literales.

A menudo la gente se siente liberada al descubrir que algo alarmante que está ocurriendo en sus sueños sólo es un símbolo: una sombra maligna, el asesinato de un cónyuge o hacerle daño a un niño. Es natural que la gente se pregunte si sueños como estos significan que algo está realmente mal en su vida, y puede ser de gran alivio descubrir que el sueño perturbador es simbólico. La sombra maligna simboliza aspectos de su situación financiera. Asesinar a un cónyuge representa profunda frustración con la pareja, hacerle daño a un niño manifiesta los sentimientos relacionados con la infancia del soñador o con sus hijos.

Cuando algo sucede en un sueño que está fuera de toda posibilidad real, es decir, cuando usted hace algo que normalmente no haría, quiere decir que es necesario centrarse en el símbolo.

El siguiente ejemplo muestra lo que quiero decir:

Spray de pimienta

En mi sueño, mi hijo de cuatro años de edad está llorando. Sin actuar de forma totalmente desagradable, sólo un poco molesto, volteo hacia él y le rocío spray de pimienta a los ojos. Veo que cierra sus pequeños ojos y me hace una mueca. Después me doy cuenta de lo que pasó y despierto con terror.

El sueño permanece en mi mente. El hecho de haberle hecho daño con mi mano me molestó tanto que no podía moverla. No pude imaginar de dónde provino la agresión con el spray, y eso me provocó una gran angustia.

Este padre nunca hubiera querido rociarle spray de pimienta a su hijo en la vida real, por lo cual, de inmediato considero que la acción es simbólica. En lo primero que pensé fue en que probablemente el soñador esté interpretando algo relacionado con el crecimiento de su hijo.

A continuación me enfoco en el spray de pimienta. El soñador mencionó un tipo de spray específico: Pimienta OC, (*oleorosin capsicum*). El soñador comentó que él fue rociado con este spray mientras estaba en una capacitación de su trabajo y dijo que la sensación era como napalm en la cara. También dijo que usar este spray le parecía más severo que cualquier otra cosa.

Con esas revelaciones estábamos llegando a algún lugar. El sueño parecía tratarse de la diferencia entre la disciplina y el castigo. El soñador me dijo que jugaba el rol del «malo» mientras su esposa tenía el papel del «bueno» para su hijo.

El soñador está cansado de tener que ser el que regañe o castigue para hacer que su hijo lo respete, ya que su mujer, al intentarlo, falla. El sueño lo obliga simbólicamente a hacer algo que nunca haría, para mostrar una manera muy dramática de expresar sus sentimientos. El soñador se sintió aliviado de que sus acciones eran totalmente simbólicas y no una expresión de un deseo oculto de dañar a su hijo. Una charla con su mujer resolvió el problema.

Consejo

Los sueños generalmente no deben ser interpretados literalmente, sino como símbolos de usted mismo y de la dinámica de su vida interior.

Para obtener la esencia de algunos símbolos y sus significados en los sueños, considere aquellos que aparecen de manera general y observe cómo se interpretaron en el libro. Cabe aclarar que las interpretaciones están basadas en experiencias personales de los soñadores, por lo tanto no podrían aplicarse a sus sueños, sin embargo, son ejemplos de cómo analizar de forma creativa los símbolos.

Veamos algunos ejemplos:

Alguien sueña que se dirige a su despensa y no encuentra nada más que comida para perros en la alacena. Este sueño está contando una historia acerca de los hábitos alimenticios del soñador. En realidad, él no está comiendo comida para perros, pero sus sueños le indican que tiene una mala alimentación. Cuando los sueños exageran o distorsionan la realidad, los símbolos dirigen la atención hacia sí mismos.

Una mujer que sueña que su supervisor sube a un globo de aire caliente y se aleja flotando. ¿En realidad ella desea ver a su supervisor alejarse? Tal vez, pero el globo puede ser simplemente un símbolo que indica que los arrebatos verbales de su supervisor sólo son «aire caliente» que refleja la tensión en su vida laboral. Una vez más, el símbolo se exagera y se expresa en una situación conmovedora.

Alguien más tuvo un sueño con una mujer sin cabeza que golpeaba objetos preciosos de su casa. Esto simboliza cómo la ira del soñador ha arruinado su vida familiar. La mujer sin cabeza representa el comportamiento del soñador, a través de las acciones que realiza «sin pensar».

Un soñador que se ve a sí mismo, alimentando con una cuchara a un grupo hambriento de personas, narra la historia de un profesor que debe dar lecciones en pequeñas dosis a su grupo, para que no las reciban de golpe y no les afecte.

Una bifurcación en la carretera simboliza que un soñador está considerando una oferta de trabajo o un nuevo sendero en su vida.

En otros sueños hay elementos que aparentemente no tienen nada que ver, pero que están relacionados en una especie de juego de palabras entre el sueño y la realidad inmediata del soñador. Más adelante explicaré con detalle este tipo de símbolo.

El significado de un símbolo depende de las experiencias personales. Por ejemplo, la mayoría de los estadounidenses nativos ven a la Estatua de la Libertad como un símbolo de autodeterminación e independencia, pero para un inmigrante puede significar una oportunidad o inclusión. El punto es que el significado del sueño depende de usted.

La dificultad para interpretar los sueños es que no hay símbolos universales, no hay definiciones fáciles que se apliquen en todos los casos. Por lo tanto, en lugar de memorizar las definiciones de los símbolos, la mejor propuesta es aprender cuáles son sus definiciones personales. No es muy difícil ya que éstas se basan en su realidad personal.

Una vez que usted sabe el significado de sus propios símbolos, tendrá las herramientas principales para descifrar el resto del significado del sueño.

A veces un símbolo revela el significado de un sueño similar. El símbolo apunta a la causa, a la raíz de problemas o cuestiones que estén detrás del sueño o determinen parte de él.

El siguiente ejemplo muestra lo que quiero decir:

Cruzando una plataforma

Me pongo un suéter naranja muy apretado, aunque no es lo que normalmente usaría. Luego, camino con mis compañeros

por una plataforma estrecha que se puede volcar, cruza-
mos por encima de un pozo oscuro. Veo caer algunas chicas
frente a mí, pero yo me las arreglo para llegar al otro lado.

Primero hablaremos acerca del suéter naranja; este símbolo es una joya. El suéter está relacionado con algo que la soñadora «normalmente no haría». En este caso, considero que el suéter simboliza probar el sexo. El color refuerza esta interpretación, porque el naranja está relacionado a la sexualidad, la reproducción y la fertilidad.

La sexualidad es algo nuevo para la soñadora, quien se siente limitada, como el suéter apretado. Así que la pregunta que responde lo que significa el sueño es, ¿qué actividad comienza comúnmente durante la adolescencia, cuya sensación es comparable a usar un suéter apretado de color naranja e ir caminando a través de una plataforma estrecha, que provoca que algunas compañeras caigan a un pozo oscuro?

Por cierto, la soñadora comentó que cuando llega al otro lado, entra a una estancia con un letrero que dice «Baile estudiantil de gala» y lo único que encuentra es un buffet con pocas opciones y algunos compañeros aburridos, ¿qué simboliza esto? Una pista es que puede indicar la diferencia entre la expectativa y la realidad.

Si con este ejemplo usted no logra ver la conexión entre los símbolos y la realidad de la persona que sueña, tómese un tiempo para captarlo. Daré muchos más ejemplos en las próximas páginas.

Se necesita experiencia y creatividad para decodificar los símbolos de los sueños, pero una vez que usted aprenda a hacerlo, no verá los sueños de la misma manera, nunca más.

Todo en un sueño es metáfora, analogía, comparación, la representación de algo más. Para vincular los símbolos de los sueños con usted mismo, ponga especial atención en la acción del sueño. Es como la diferencia entre una foto y un vídeo. Si usted mira una fotografía tiene que suponer qué es lo que está ocurriendo en la foto, porque la acción está congelada en el tiempo, pero un video muestra lo que está pasando.

Un símbolo por sí mismo es sólo una foto, tiene una variedad de interpretaciones, que combinadas con una acción, cuentan una historia. Sus sueños son historias acerca de su vida así que, para entender lo que están diciendo, hay que empezar con la acción.

Por ejemplo, si usted sueña con una serpiente, pregúntese primero qué está haciendo, ¿está atacándolo o inofensivamente está tomando el sol?, ¿está envolviéndose en su cuello o mudando de piel? Una serpiente, como símbolo, tiene muchos posibles significados por sí misma, sin embargo, el único significado que cuenta, es lo que simboliza para usted. Una serpiente puede ser vista como un símbolo fálico o sexual, pero si la serpiente cambia de piel en el sueño, la acción habla de un cambio o transformación, de una persona que está a punto de convertirse en alguien nuevo.

Hacer una suposición automática, basada en definiciones estandarizadas puede ocasionar que el individuo se confunda y fracase interpretando el sueño.

En este capítulo entraré en más detalles sobre cómo la acción indica el significado del sueño.

El conocimiento de los símbolos es el mejor aliado para interpretar sueños, junto a los conocimientos generales y la empatía por la gente.

Aprender sobre los símbolos es una forma natural de ampliar su conocimiento. El libro *El hombre y sus símbolos* de Carl Jung es una buena herramienta para empezar. En él, Jung muestra las raíces de los símbolos comunes y cómo éstos cruzan líneas geográficas y culturales, y son utilizados en los sueños para narrar historias de profundo significado para el que sueña.

Consejo

Un símbolo es una forma breve de expresar una idea. Para interpretar un símbolo, pregúntese qué idea expresa.

Los próximos acercamientos a los escenarios y personajes son extensiones de los símbolos, como todo en sus sueños. Aprender a reconocer lo simbólico le ayudará a recordar y a interpretar mejor sus historias.

ESCENARIOS

El escenario de un sueño suele indicar qué área de la vida se representa. Es uno de los elementos básicos de cualquier historia. Por ejemplo, un sueño que se desarrolla en una tienda de mejoras para el hogar podría relacionarse con el deseo de mejorar al despertar, como ponerse en forma, comer mejor o trabajar más duro. En este caso, las mejoras para el hogar realmente significan superación personal. Una gasolinera podría relacionarse con la energía o las motivaciones que impulsan sus acciones o su vida. Porque una estación de servicio es el lugar para proveer combustible a su vehículo. Una biblioteca puede estar relacionada a la búsqueda u obtención de información y conocimiento.

La clave para entender lo que significan los símbolos de los escenarios en sus sueños es preguntarse cómo se conectan con usted y su vida. En ocasiones, los escenarios son sitios específicos de la vida diaria, pero en otros casos pueden aparecer simplemente para describir el lugar en el que se desarrolla la historia, para que el sueño se pueda contar. Sin embargo, la mayor parte del tiempo, los escenarios están construidos a partir de detalles íntimos sobre su vida interior, no sobre su vida exterior.

Los escenarios son usted y se presentan simbólicamente en tres dimensiones: son imágenes instantáneas de su paisaje interior, situaciones que se han producido recientemente, o el escenario donde se desarrollarán los acontecimientos de su vida.

A medida que vaya tomando notas en el diario de sus sueños, comenzará a reconocer algunos escenarios, ya que algunos tienden a repetirse. En cuanto los reconozca, podrá establecer conexiones con su vida: eventos, situaciones, sentimientos o pensamientos.

Esto toma tiempo, pero con persistencia lo logrará.

He aquí un ejemplo de un sueño en el que el escenario es clave:

Estoy en el escritorio, en la oficina del periódico en el que trabajaba, estoy desnudo.

Los sueños sobre escenarios del trabajo están relacionados directa o indirectamente a la vida profesional. Cuando tuve ese sueño trabajaba como editor de deportes de un periódico y me dieron un puesto muy importante, pero que no se ajustaba a mi formación y personalidad. Yo quería ir a la oficina y ponerme a trabajar, pero no podía ponerme esa ropa nunca más.

Los símbolos de desnudez y el escenario de mi antiguo trabajo indican claramente que el sueño se relaciona a sentirse desnudo, en un trabajo que no cubre mi persona.

En otro sueño, estoy en mi casa, pero debo enfrentarme a un hombre en el ático. Él está molesto y yo lo confronto de forma agresiva, lo cual no ayuda a la situación. Después, al interpretar el sueño, me di cuenta que el ático simboliza el lugar donde surgen mis pensamientos y el hombre enojado es parte de mí mismo, tratando de llamar mi atención. Él fue hostil, lo cual indica que en el fondo yo estaba enojado conmigo mismo por haber descuidado algunas de mis necesidades básicas.

Casas

Comúnmente se dice que una vida está «construida», y lo mismo ocurre con un cuerpo, por lo que una casa es una magnífica manera de simbolizar su vida o su cuerpo. Desde la perspectiva de la mente inconsciente, soñar con el lugar donde vive es representativo de la construcción de su vida. Ponga atención a los detalles como la ubicación de la casa. Por ejemplo, una casa a la orilla del mar puede simbolizar estar en la frontera entre las partes conscientes e inconscientes de la mente. Si la casa está en alguna parte que difiere de la realidad, por ejemplo, si usted sueña que su casa está al lado de su trabajo o escuela, pero en la vida real usted no vive cerca de ninguno esos lugares, el sueño podría estar hablando de su vida profesional o académica. Porque los sueños «muestran» el significado de la historia, en vez de «contarlo».

Los niveles más bajos de una casa suelen representar las emociones de la persona que sueña, instintos, sentimientos o cuestiones heredadas; cosas que vienen de lo más profundo de una persona; mientras que los niveles altos tienden a representar la vida intelectual, mental o espiritual. Una casa invadida puede ser una señal de que usted se siente dominado o violentado de alguna manera. A veces, los invasores simbolizan sentimientos, pensamientos o miedos que no se están enfrentando conscientemente. Los invasores también podrían representar a personas que no respetan su privacidad o ciertos límites.

Soñar con fantasmas que rondan por su casa suele simbolizar miedos o dudas que lo atormentan, arrepentimientos, cargos de conciencia o una sensación de que usted no es tomado en cuenta.

También preste atención a las habitaciones ubicadas dentro de la casa, ya que éstas indican aspectos de su vida. Por ejemplo, la puerta de entrada puede simbolizar el límite entre la vida personal y pública, con frecuencia es por donde los visitantes son recibidos. Literalmente es el límite entre el mundo privado y el exterior.

Para un ejemplo de este símbolo vea el sueño denominado «Una figura blanca en la puerta principal» (pág. 252).

Cocinas

Las cocinas son lugares donde diferentes ingredientes se combinan y se cocinan, donde se almacenan y se preparan los alimentos. Por lo que el escenario de una cocina podría vincularse con la subsistencia o algo que se está «cocinando», como un proyecto para conseguir dinero o la ejecución de cualquier obra.

Las cocinas también pueden ser usadas para describir el proceso del embarazo, pues suelen ser símbolos de cómo se forma algo nuevo.

Salas
Las salas pueden simbolizar la forma o el estado actual de su vida.

Dormitorios
Los dormitorios suelen a parecer en los sueños como un escenario para representar los sentimientos que están relacionados a actividades como el sexo, el descanso o la reflexión.

Baños
En los baños mejoramos nuestra apariencia o eliminamos los residuos corporales, por lo que, eventualmente, los sueños que se desarrollan en esos escenarios tienen que ver con saneamiento o pulcritud. El soñador suele confrontar aspectos «obscenos o indecentes» de su vida, o puede contemplarse a sí mismo en el espejo.

Ciudades
Una ciudad es otra forma de representar su vida, especialmente su vida pública, porque las ciudades son lugares de actividad ajetreada, donde la gente acude para «ser vista» y realiza su vida pública. Una ciudad incendiándose podría simbolizar una «vida en llamas». Una ciudad inundada podría simbolizar emociones desbordadas y trascendentales. Una ciudad que está sitiada podría simbolizar un ataque a la reputación de la persona o a su estilo de vida.

Aeropuertos, terminales de tren, estaciones de autobuses,

departamentos y hoteles pueden representar transición, ya sea de trabajo, relaciones sociales, puntos de vista o etapas de vida.

En mis sueños, los escenarios que suelen simbolizar una relación cambiante son un departamento o una tienda de campaña, pero tal vez la forma en la que se presenta el escenario para usted será diferente. Un amigo estaba pasando por cambios en su relación de familia y soñaba frecuentemente en lugares de transición como hoteles y aeropuertos, con miembros de su familia. Para simbolizar a dos amigos que van por caminos separados, pueden aparecer en un sueño tomando diferentes vuelos en el aeropuerto o abordando trenes distintos en la estación de tren. El inicio de una nueva y excitante relación romántica puede manifestarse con el despegue de un avión, si es parecido a lo que usted siente.

Autos

Los vehículos son otros elementos muy comunes en los sueños. Es muy probable que los sueños que involucran vehículos, revelen información acerca del lugar a donde se dirige su vida o qué es lo que desea ser, y lo que está obstaculizando o ayudándolo en el camino. Los vehículos simbolizan lo que avanza (o no) día a día, pero también pueden simbolizar el cuerpo, pero esto es menos común. Por ejemplo, si usted sueña que va manejando un auto que queda varado en una colina, pregúntese qué es lo que está desacelerando o drenando su energía. Si el auto se desliza por toda la calle sin dirección, pregúntese qué parte de su vida está fuera de control. Si se le acaba la gasolina o los frenos no funcionan, pregúntese si hay algo en lo que no esté al corriente o si necesita ir más lento. Si las llantas giran o el auto se mantiene dando vueltas, pregunte qué parte de su vida no está adquiriendo dirección, o si usted está dando vueltas a lo mismo. Si alguien más está manejando, indague en qué ámbitos usted no está tomando decisiones por sí mismo, si necesita orientación o está esperando «que lo lleven de la mano». Por ejemplo, si en sus sueños su jefe está en el asiento del conductor y eso le molesta, usted puede apostar que el sueño le está diciendo algo acerca de su relación laboral o el trato con él, ¡tal vez su jefe ha tomado las riendas de su vida!

Por el contrario, ese mismo símbolo podría expresar que su jefe es la fuerza impulsora de su vida laboral.

Los vehículos también pueden ser escenarios en los que ocurren diversas situaciones. Alguien me contó un sueño sobre un grupo de creyentes, que viajaban en un camión, conducido por el pastor. La influencia y las enseñanzas del pastor determinan la vida espiritual del grupo.

Centros comerciales

La vida implica tomar decisiones constantemente, así que un centro comercial o una tienda es un escenario con potencial para contar las historias acerca de las decisiones que tomamos. La gente elige cosas para el trabajo, su pareja y busca oportunidades.

Además, el cuerpo y la mente están en constante necesidad de sustento, más allá de la nutrición y los sueños saben dónde encontrar los recursos, por lo que el inconsciente va buscando y comprando, mientras el lado consciente de la mente duerme.

En el sueño «La doncella y la anciana» (pág. 182) podemos ver que la soñadora compra ropa para su trabajo, porque está considerando un nuevo puesto.

En el sueño en donde intento comprar un abrigo, el escenario en la tienda manifiesta la toma de decisiones y el abrigo indica la relación con mi profesión.

Si sueña con hacer compras, piense en las decisiones que ha tomado, las que debe o las que quiere tomar o las que alguien más ha tomado por usted. ¿Cuáles son las opciones que se le han presentado?, ¿cuáles son los costos?, ¿qué es lo que obtiene a cambio?

Restaurantes

Un restaurante es otro escenario que puede hablar de las opciones y decisiones. Este escenario puede ser utilizado para contar historias acerca de hábitos alimenticios, al igual que soñar con supermercados y cocinas. Además de que puede tener otras muchas interpretaciones con las que se puede trabajar.

Un restaurante podría ser un escenario para demostrar la forma en que se consume el conocimiento, como en el sueño «El gordo y la camarera» (pág. 60).

En otro sueño «Cortando vínculos con mi ex» (pág. 210) el restaurante es el escenario para que una mujer rompa definitivamente con su ex novio.

Si sueña con un restaurante, pregúntese si tiene relación con comida o con cualquier cosa que sea de «consumo», como elecciones recientes, programas de televisión, videojuegos, sexo, ideas, información, opiniones o conocimiento en general.

Escuela

La escuela es el escenario familiar para todos los que tienen el reto de aprender. Después de un día de haber aprendido algo nuevo, en ocasiones me sueño en la escuela. Si tengo un sueño acerca de un examen para el cual no he estudiado, a menudo se relaciona con sentimientos de ansiedad, angustia o preocupación por no estar preparado para la vida.

Por ejemplo, mientras escribía este libro, tuve varios sueños con escenarios de escuela, estos sueños estaban conectados con la ansiedad de escribir un libro largo. Tuve que aprender sobre la marcha. La experiencia me impulsó a dominar técnicas.

La escuela es un entorno social, y los sueños pueden usar este tipo de escenarios para hablar acerca de las relaciones que ocurren dentro de la escuela: la propia identidad, la aprobación de los profesores y compañeros o cualquier tipo de situaciones relacionadas con la escuela. Si usted sueña que va a la escuela, pregúntese qué desafíos está teniendo para aprender. O si el escenario de la escuela está conectado con su identidad o relaciones sociales. Si actualmente, usted es un estudiante o trabaja en una escuela, ese escenario puede hablar su vida académica, proyectos de trabajo o las relaciones que usted tiene con la gente de ahí.

Puentes

Los puentes pueden simbolizar rutas para pasar sobre un obstáculo o para cruzar de un punto determinado a otro. Soñarse en un puente implica estar entre dos lugares, simboliza estar en medio de dos fases o etapas de la vida.

Una vez soñé que regresaba de la oficina de mi mentor, Larry. En mi ruta de regreso a mi casa pasaba sobre un puente. Pero en el sueño me vi confrontado por un espagueti de puentes y carreteras, y no sabía qué camino tomar. Como había pasado a través de un proceso de trabajo con sueños con mi mentor, mi sueño simbolizaba que ya era tiempo de «volver a casa» y aplicar lo aprendido. Yo tenía muchas rutas que tomar, direcciones que podía seguir en mi vida. Pero aún no había decidido hacia dónde iba, así que estaba en el puente, entre lo que había obtenido de Larry y lo que podía hacer con eso.

Hospitales y consultorios médicos

Los hospitales y los consultorios médicos pueden simbolizar un proceso de curación del cuerpo, pero también de la mente, de las emociones, o de la personalidad. En mi experiencia, esos escenarios suelen aparecer en los sueños para contar historias acerca de la corrección, sanación o mejora de la mente o en el cuerpo de una persona.

El siguiente sueño ayuda a explicar mejor este punto:

Suicidándome

Yo estaba en el patio trasero de la casa de un amigo, que es el lugar donde paso la mayoría del tiempo desde que me despierto. Estaba con él y otros amigos. No puedo soportarlo más, así que voy al auto de mi madre y agarro la pistola que está debajo del asiento del copiloto, la pego a mi cabeza y jalo el gatillo. Todo se vuelve negro.

El entorno me recuerda a mí mismo siendo joven, juntándome con otros chicos de mi edad, sin tener nada que hacer excepto tomar cerveza y decir tonterías. El vacío de ese estilo de vida crece en forma negativa para el soñador, quien tiene el mismo sueño varias veces. Esto le indica que su limitada existencia, pasando el tiempo en la casa de su amigo, lo está matando por dentro.

Es una idea, que lo lleva a cuestionarse por qué pasa mucho tiempo ahí y qué es lo que preferiría hacer con su vida.

En este sueño, la casa de su amigo simboliza sentimientos en relación a su tiempo perdido.

Él tiene aspiraciones, deseos de lograr algo, simbolizadas por el auto de su madre. Las madres les dan a sus hijos ciertas ideas y motivaciones que se concretan al convertirse en adultos. Crecer con una buena madre, es como viajar en el asiento del copiloto, que es donde el arma está escondida en el sueño. Pero cuando el niño alcanza cierta edad, tiene que tomar sus propias decisiones y vivir su propia vida. Si él no sabe qué es lo que quiere o cómo obtenerlo, se siente avergonzado de sí mismo y sin valor, lo que lo lleva a pensar en el suicidio.

La casa del amigo y el carro de su madre le proporcionan un contexto para que se lleve a cabo la acción de este sueño. Estos elementos ofrecen la estructura para la historia.

En el siguiente sueño veremos que la persona que sueña es un jugador de futbol de preparatoria. Los retos de la vida se pueden comparar con los juegos. Los campos de juego como escenarios de un sueño están relacionados con enfrentar los desafíos y desarrollar el potencial.

Pies pesados

Estoy jugando fútbol americano y corro hacia la zona final con el balón, pero mis pies están súper pesados. Llego a la zona de anotación y debo dar una patada extra para ano-

tar un gol de campo, pero el poste es más alto de lo normal
y no puedo lograrlo.

En mi experiencia, los juegos representan historias relacionadas con el esfuerzo. Si se sueña con el deporte que se practica en la vida real, el sueño debe contener mensajes para mejorar. Los atletas suelen soñar con sus deportes, incluso logran prever eventos que sucederán. Por ejemplo, el legendario golfista Jack Nicklaus mejoró su ritmo e hizo historia después de tomar un consejo propio de un sueño.

El campo de juego, como escenario, expone los esfuerzos de la vida como atleta, pero también muestra ahínco para lograr objetivos en general.

El sueño que vimos como ejemplo no demuestra la forma para mejorar en el fútbol, pero expone que algo está deteniendo o desacelerando al soñador, simbolizado por sus pies pesados. El hecho de que el jugador consiga anotar, significa que logra lo que se propone, pero él no cree que realmente esté alcanzando sus metas, lo cual se simboliza por el poste de gol de campo que tiene más altura de lo normal. El sueño dice, en esencia, que las expectativas del soñador son muy altas, y representa una carga para su motivación. Marcar un gol de campo es una celebración adicional tras haber anotado, pero no poder celebrar, después indica que la persona que sueña carece de un verdadero sentido de logro, a pesar de tener éxito.

Los significados simbólicos pueden cambiar de un sueño a otro, aún si la persona que sueña es la misma.

A veces, es necesaria una evidencia más, antes de llegar a una conclusión acerca de lo que significa un símbolo en particular. Un sueño en el que aparece un techo puede describir un proceso de pensamiento o indicar una perspectiva «a gran escala». Un sótano puede representar los intestinos, pero también un depósito de emociones no deseadas, entre otras cosas.

Analice detenidamente lo que acontece en el escenario del sueño antes de hacer conclusiones.

Consejo

Cuando el escenario de un sueño difiere de una versión de la vida real, como cuando usted sueña que una casa es suya, pero ésta no se asemeja a su casa real, o usted va a un lugar que no reconoce, se trata de un aviso que indica un símbolo que se debe interpretar.

Para descifrar lo que significa el escenario en sus sueños, pregúntese cuál es la acción principal que ocurre ahí y si describe algo de su vida.

Hágalo usted mismo

Continúe con el diario de sus sueños periódicamente y enliste los escenarios. Preste mayor atención a los escenarios recurrentes. Puede hacer dos columnas, y en una de ellas anotar los escenarios, y en la otra interpretaciones.

Cuando aparezcan símbolos sin conexión aparente con usted, piense en posibles significados y deje que el tiempo decida si tiene o no razón.

Aquí hay algunos ejemplos de lo que suelen simbolizar ciertos escenarios:

- Hospital: trabajar en sí mismo, decidir algo, dejar cicatrizar heridas

- Nave espacial: misterio, exploración, experiencia cósmica

- Iglesia: vida espiritual, alguna divinidad, poder

- Casa nueva: ciclo o etapa de la vida, cambios en algunos rasgos personales.

- Tienda de mejoras para el hogar: progreso personal

- Gasolinera: motivación, energía

- Parque de diversiones: diversión, humor

- Tienda de ropa: persona, imagen pública

El significado de cualquier símbolo con frecuencia no es claro al principio. La verdadera naturaleza del sueño revela información del subconsciente y del inconsciente, por lo que no es de extrañar que resulte confuso, pero usted sabe lo que significa el símbolo, ya que viene de un lugar profundo de su ser, está basado en su experiencia; y con paciencia y persistencia logrará interpretarlo.

PERSONAJES

Las personas aparecen en sus sueños intencionalmente. De forma directa o indirecta son importantes para la historia. Yo sueño con la gente que conozco para averiguar mis emociones hacia ellos o para analizar qué partes de mí mismo se relacionan con ellos. Si no conozco a la gente que aparece en mi sueño, asumo que son proyecciones de mi inconsciente, partes de mí mismo que se personifican y están en mis sueños para reflejarme de nuevo. Un extraño podría simbolizar un pensamiento, un sentimiento, un miedo, un rasgo de carácter, incluso la estructura de la psique, como el ego o un arquetipo.

Los sueños con personajes de su vida real suelen mostrar la manera en la que usted valora y procesa sus interacciones con esa gente, cómo lo influyen o lo hacen sentir. La historia que se cuenta podría relacionarse con las actividades que realizan juntos, pero muchas veces son cuestiones dentro de usted, no externas. Su presencia en un sueño también puede ser una forma de transmitir las impresiones más profundas sobre la persona, especialmente si usted ha estado en contacto recientemente con ellos. Yo he soñado con amigos y familiares en situaciones en las que necesitaban ayuda. Es como si mis sueños estuvieran diciendo: «¡pon atención, esta persona te necesita!».

El próximo sueño, expone la interacción del soñador con un familiar.

Perdiendo puntos

Mi tío juega baloncesto y falla todos sus tiros. Luego aparece depilándose el vello corporal con cinta adhesiva.

¡Suena doloroso! La interpretación nos indica que el soñador asocia al tío y a sus intentos de «atinar» sus argumentos sobre política y cultura, pero él falla.

El vello representa los puntos de vista que son rechazados por el soñador, así que resulta doloroso soportarlo.

Las criaturas cubiertas de pelo son consideradas como primitivas o instintivas, por lo que en los sueños el pelo puede representar una conducta instintiva. En este sueño, la eliminación del vello corporal podría tener un mensaje profundo en relación con los argumentos que van contra la naturaleza o el instinto.

Consejo

Pregunte a los personajes de su sueño por sus nombres, ya sea durante el sueño o después. Esto puede ayudarle a identificar lo que los personajes simbolizan, si no resulta obvio.

También, usted les puede otorgar los nombres que le parezcan apropiados, ya sean nombres propios o títulos genéricos asociados con las funciones que desempeñan en la historia, como «taxista» o «plomero».

Para entender mejor cómo bautizar a los personajes vea la sección «Diálogo interno» (pág. 165).

Cuando usted sueña con gente que conoce, es bueno hacerse algunas preguntas para empezar: «¿cuáles son las primeras cosas que pienso de esa persona?, ¿es una excelente madre?, ¿se obsesiona por el dinero?, ¿admiro su espíritu libre?»

Por medio de ese tipo de preguntas pude interpretar un sueño denominado «Dar a luz al bebé de un amigo» (pág. 192). Suena extraño, pero el embarazo y el nacimiento son conceptos que los sueños utilizan en una variedad de situaciones. La persona que sueña describe a su amigo como trabajador y exitoso. El bebé muestra que algo «nace» del soñador, pueden ser cualidades adquiridas por medio de la influencia de su amigo.

Si mi amigo Elmann, un maestro de artes marciales, es un personaje de mis sueños, probablemente represente una parte de mí que admira su disciplina y habilidad.

Aprendemos de las personas que están en nuestras vidas, por esa razón ellos aparecen como personajes en nuestros sueños, pero también pueden sustituir a las cosas que no nos gustan o cosas que sabemos de nosotros mismos. Un sueño es un espejo mágico donde se refleja la verdad.

En el siguiente ejemplo, el mejor amigo del soñador aparece para mostrar una parte inconsciente de él mismo:

> *Mi mejor amigo y yo estamos en Las Vegas, de fiesta en un lujoso hotel. Estamos bebiendo dos botellas de cerveza. Cuando bebemos del fondo de las botellas, la cerveza se derrama por nuestras bocas.*

El «fondo de la botella» se podría interpretar como la parte inferior de la personalidad, el carácter o los sentimientos. Ambos beben del fondo de sus sentimientos, desde sus impulsos más bajos. El que sueña reconoce lo más bajo de su amigo, pero en realidad se trata de sí mismo. El amigo es usado como espejo, para mostrarle al soñador que una parte de él es difícil de aceptar tal como es.

En ocasiones los sueños hacen conexiones, transformaciones

y sustituciones entre los personajes y objetos. Por ejemplo, en «Tocando la guitarra» (pág. 248) aparece una guitarra que se convierte en una adolescente. La guitarra y la camisa de la chica tienen la misma tonalidad azul, indicando una conexión entre ellos.

He descubierto que los sueños utilizan sustitutos para transmitir lo que el soñador realmente siente, para indicar aquello contra lo que lucha o lo que inconscientemente lo bloquea.

Otra forma de interpretar los sueños a través de los personajes es mostrando la acción desde su punto de vista. Ver la acción desde otra perspectiva le da acceso a una parte de usted mismo a la que usualmente no le presta mucha atención en la vida diaria.

Soy un abogado defensor y trabajo para una implacable firma de abogados, pero en el edificio donde trabajo hay una puerta secreta que conduce a una habitación gris, sin ventanas, donde hay un hombre que me parece vagamente familiar, que trabaja encadenado a su escritorio. Veo a través de los ojos del hombre encadenado un anhelo, este podría ser un típico día para ser libre, respirar aire fresco, sentarse bajo el sol y hacer cualquier cosa, pero no trabajar.

El personaje se encuentra escondido en un cuarto secreto y esto simboliza una parte oculta de sí mismo, porque se siente así, encadenado a sus responsabilidades laborales. Sin embargo, para desempeñar ese trabajo de mucha presión, mantiene sus sentimientos en secreto, incluso para él mismo. Aunque, en la vida real, la oficina del abogado es agradable y colorida, el monótono escenario del sueño simboliza cómo se siente él cuando está ahí.

Los personajes representan algo sobre usted, como sentimientos personales, percepciones y experiencias complejas. Un personaje cualquiera puede sustituir al soñador para que el sueño pueda presentar la información sin despertar emociones fuertes.

Aceptar que los personajes del sueño suelen ser proyecciones o representaciones de usted mismo puede resultar difícil, pero es verdad. Yo recuerdo haberme asustado hace muchos años, cuando una colega me dijo que había soñado que yo había muerto. Yo me preocupé lo suficiente, como para preguntarme si estaba a punto de morir. Ahora, después de años de interpretar los sueños, sé que el soñador vio la «muerte» de una posible relación conmigo. Nuestra relación de trabajo inició con una chispa que nunca se incendió.

Consejo

Las expresiones de las caras de los personajes de los sueños comúnmente se refieren a los sentimientos del soñador. Si un personaje tiene una cara feliz, pregúntese qué motivos tiene usted para estar feliz. Si ellos están enojados, pregúntese qué razones tiene usted para estar enojado. Si ellos están preocupados, indague qué es lo que a usted le preocupa.

Personajes famosos

Cuando gente famosa aparece en sus sueños, lo más probable es que algo de usted se relacione con la función que esa persona desempeña en la sociedad, o con las impresiones que genera por su exposición en los medios. Si la persona es actor de cine o de televisión, aparecerá en sus sueños para contar historias.

Para interpretar la presencia de una persona famosa en sus sueños, pregúntese qué papeles interpretan ellos, y cuáles son sus impresiones acerca de ellos. Si Charlie Sheen aparece en mi sueño, con una gran bolsa de cocaína, sé que la impresión proviene de datos sobre su vida personal.

En el siguiente ejemplo, un actor famoso simboliza una parte del soñador mismo (que se relaciona con la percepción que tiene de él).

El panqué de Tom

Estoy en la planta baja de un edificio de varios pisos, con una terraza con comedor y un elevador en medio. Tom Cruise se encuentra cerca del ascensor y de inmediato percibo algo malo en él. De una forma muy persuasiva me ofrece un panqué. Normalmente, me encantan los panqués, pero Tom es demasiado insistente. Corto el panqué y le muestro que está crudo por dentro.

En este sueño, el soñador que es manipulado por la comida y su trastorno alimenticio es personificado por Tom Cruise, que es cruel y persuasivo. Cruise simboliza la voz en su cabeza que le dice que todo estará mejor, después de que ella coma ese panqué. El panqué crudo representa la idea de que todo lo que ella necesita es mayor fuerza de voluntad para superar su debilidad, un concepto que el actor ha expresado públicamente en entrevistas con medios. La fuerza de voluntad sin duda ayuda, pero si una debilidad está ligada a instintos profundamente arraigados, la fuerza de voluntad no será capaz de vencerla.

La zona del comedor en el sueño simboliza el estómago y el ascensor es el esófago. La ubicación de Tom, cerca del elevador, es un indicio de que ahí está juzgando cada bocado, tal como puede funcionar un trastorno alimenticio.

Otra persona se sueña como Napoleón rodeado de gente que viste trajes de negocio, y lo relaciona con su lado autoritario, como supervisor en el trabajo. Él consigue resultados pero no da tregua, mostrando su interior tormentoso e imperativo. Al ver este lado de sí mismo, personificado en el sueño como Napoleón, el soñador aprendió a refrenar sus excesivos impulsos.

En un sueño que yo ayudé a interpretar, Robert De Niro aparece como un detective que sigue a un hombre que carga a alguien muerto. De Niro simboliza un conflicto interno entre dos partes del soñador, simbolizado por el cuerpo sin vida y la persona que lo carga. El origen de este sueño tiene que ver con los papeles que De Niro interpreta en las películas, los cuales dejan una impresión que se manifiesta en el sueño.

Consejo

Cualesquiera que sean las cualidades o conductas de los personajes que se exhiben en sus sueños, probablemente sean verdaderas en relación a usted.

Otro ejemplo interesante de sueños con gente famosa es el de una mujer que soñó con Rachel Maddow, la presentadora de televisión y luchadora social. En el sueño la conductora le pregunta en vivo si acepta casarse con ella. La persona que sueña dice que sí, para evitar avergonzar a Rachel en televisión, sin embargo, le dice después del show que no puede casarse. La soñadora relaciona la idea del matrimonio con compromisos y se da cuenta que recientemente ha estado ofreciendo su apoyo a algunas causas sociales de las que no estaba segura.

En uno de mis memorables sueños, me encontré con el presidente Bill Clinton sentado detrás de un escritorio. Se puso de pie para saludarme de mano. De repente un grupo de asistentes llenaron la habitación y lo atestaron por completo, entre la gente reconocí a un barman, que conozco en la vida real y me servía bebidas. El presidente Clinton representa el lado «presidencial» de mí mismo que tiene una visión y planes e impone fuerzas y estrategias para lograrlos. No obstante, la presencia del barman y el resto de la gente muestran el principal obstáculo que enfrento en ese momento: un exceso de tiempo perdido en bares concurridos.

Hacer un casting a un famoso en un sueño no necesariamente significa que el soñador sea egoísta; probablemente significa algo que está resonado en un nivel más profundo. Si usted tiene una necesidad atroz de ser reconocido, la gente famosa puede simbolizar esa necesidad.

Después de todo, los personajes de sus sueños suelen estar conectados con usted o sus percepciones.

Esto se aplica a todos los personajes de un sueño, todos son sustitutos o comodines para la psique, los actores que juegan diversos roles. Una cosa es cierta, aunque: los sueños escogen a sus personajes cuidadosamente, nada se deja al azar. Si sueña con una persona famosa, piense qué sabe usted acerca de ella, qué funciones desempeña en la sociedad; qué percepciones tiene sobre su talento y habilidades, o qué características tiene en común con usted.

Los pares u opuestos

Los sueños utilizan personajes para mostrar una dinámica entre usted y algo más, puede ser con usted y una persona conocida, incluso entre partes de su psique.

Los pares se presentan con frecuencia en los sueños como contrarios, porque en lo opuesto están las dos caras de una misma moneda. Un lado podría ser viejo y el otro joven, uno femenino y otro masculino, uno negro y el otro blanco, uno agresivo y otro pasivo. Este tipo de sueños reflejan equilibrio o falta de él.

En el sueño en el que aparece el presidente Clinton, su opositor era el barman y la multitud de gente. Aunque tuve interiormente un presidente representando la capacidad para dirigir mi vida, también tenía un cantinero que me había convencido de que podía quedarme en la barra de un bar.

He aquí un ejemplo que muestra las características de un sueño en par:

> *Yo veo un ciervo joven y un ciervo viejo. El viejo está lleno de cicatrices por riñas, de pronto ataca al joven con sus cuernos. El más joven se defiende, pero finalmente es derrotado.*

El dúo del ciervo viejo y joven, y la acción del combate entre ambos, simbólicamente muestra la relación de la persona que sueña con su padre. Su padre es el ciervo viejo, un hombre que critica y es implacable en la imposición de su voluntad. La que sueña es el ciervo joven, un precoz universitario que está en una etapa de su vida en la que es común cuestionar y poner en duda a la autoridad. El padre tiene ideas definidas sobre lo que quiere que el soñador sea, pero sus ideas son muy diferentes de lo que el soñador quiere para sí mismo, por lo que las batallas entre ellos son épicas. El soñador da una buena batalla pero, como un viejo boxeador con trucos bajo la manga, su padre impone su defensa. La fuerza de su padre está simbolizada por los cuernos, con muchos filos agudos apuntando en todas direcciones. Sus argumentos son similares: cortantes y peligroso desde muchos ángulos.

El soñador que vio a Tom Cruise ofreciéndole un panqué tuvo otro sueño en el que aparece Gene Wilder. Este actor, en la pantalla y en persona, es una persona verdaderamente compasiva y representa la forma en la que el soñador se enfrenta a sus problemas alimenticios. La fuerza de voluntad no era el problema, como el sueño de Tom Cruise. El planteamiento a un problema (el desorden alimenticio) se presentaba de dos formas diferentes (compasión contra fuerza de voluntad) ligadas de una forma deliberada.

La idea esencial detrás de ambos sueños es el «conflicto de opuestos». A veces el conflicto es externo, como en el caso del joven soñador y su dominante padre. Otras veces el conflicto es interno, como los sueños en los que aparecen Tom Cruise con Gene Wilder. Otras ocasiones, la comparación simboliza la estructura dual de la psique: líder/zángano, fuerte/débil, genio/tonto, luchador/holgazán, filántropo/misántropo. Los opuestos pueden aparecer juntos en el mismo sueño o en diferentes sueños pero relacionados.

Carl Jung llama «trascendencia» al proceso de elevarse por encima del conflicto. Cuando los opuestos se unifican y se elevan por encima del conflicto, las energías internas con carga positiva y negativa, se integran formando la base de la conciencia. Esto se hace mediante el reconocimiento de ambos opuestos, de validarlos, nivelarlos y obtener una perspectiva superior.

Puede parecer contradictorio ser ambos opuestos, por ejemplo un amante y enemigo, pero los opuestos crean energía dinámica y a la persona le corresponde contenerla y canalizarla.

El odio realmente es desinterés o apatía, a diferencia del impulso del amante al desear. Los opuestos crean limitaciones exageradas. Usted necesita a los opuestos para llegar al equilibrio, porque ambos sirven para darse cuenta de que por cada donante hay un receptor.

Elevarse por encima del conflicto, para ver desde un tercer punto de vista es conseguir la trascendencia, señala Jung.

Podría parecer mejor ser un genio que un tonto, pero un genio fuera de control es un tonto arrogante. Ser tonto puede ser una etiqueta conveniente para el lado más lento y humilde de la mente, necesaria para mantener a todo genio en tierra y abierto a la información de todas las fuentes. En una serie de sueños, un soñador puede volar, pero siempre alcanza un límite máximo y no puede volar más alto. Esto le indica al soñador que entre más alto vuele, más debe estar conectado a la tierra. Sin raíces firmemente plantadas en la realidad del aquí y el ahora, uno limita sus logros y sus actividades.

Aquí veremos un par de ejemplos de mis sueños:

El gordo y la camarera

Estoy en un restaurante sentado en una mesa, al lado de un hombre extremadamente obeso, que está comiéndose un

plato de pasta, succionando un espagueti a la vez. Una ca-
marera llega a mi mesa, y tengo la sensación de que es una
imbécil. Habla en una forma lenta y con cuidado. Yo em-
piezo a interesarme en su conversación, porque ella habla
de mi vida pasada. Sé que lo que ella dice es verdad, estoy
sorprendido de la increíble información que tiene. De pronto
me dice que una vez ya había tratado de hablarme sobre
de mi pasado, pero yo no la estaba escuchando. Después,
ella me dice cuál es mi nombre.

En ese momento de mi vida yo estaba bastante interesado en
la idea de la reencarnación, del alma viviendo muchas vidas
humanas. Eso iba en contra de mi religión, en la que se cree en
una vida, una muerte, el juicio final; pero seguía encontrando
evidencias de la posibilidad de otras vidas, a través de experiencias reportadas por algunos investigadores.

El momento intelectual en el que estaba en ese momento
era estimulante; sin embargo, me estaba volviendo arrogante, estaba aislado del mundo por el conocimiento al que poca
gente accede: Esto se simbolizaba en el sueño por el hombre
gordo devorando pasta. Su cuerpo inflado es una acertada representación de mi ego inflado y los espaguetis representan la
información en «líneas de pensamiento» que yo estaba consumiendo rápidamente sin masticar o digerir.

Me tomó diez años aceptar realmente que el sueño me
mostró a mí mismo a través de ese asqueroso personaje.

El rol de una camarera es servir cosas, y en mi sueño ella
me proporciona información. La camarera es el lado opuesto
de mi ego inflado, con un trabajo simple, apariencia común y
un poco mediocre. A pesar de eso, ella sabe algo de mi grandio-
so intelecto, que yo difícilmente comprendo en ese momento:
No importa que tan fuerte es uno de los opuestos, necesita la
otra mitad para estar completa.

Consejo

Los sueños donde aparezcan opuestos o pares pueden tener orígenes arquetípicos, lo que significa que surgen de lo profundo de su psique, donde la conciencia se origina. Usted comprenderá más sobre los diferentes arquetipos en la sección «Guía de símbolos» (pág. 177).

Personajes importantes en los sueños: sombras, ánimas y ánimus.

Hay dos tipos de personajes en los sueños, los cuales conoceremos en este momento.

Son los actores centrales en algunos de los sueños más poderosos, incluso en los que se manifiesta un cambio de vida.

Estos personajes están interrelacionados, el vínculo con uno afecta al otro. Se les llama ánima y ánimus, dependiendo del genero del soñador, (ánimus representa el lado inconsciente masculino de la mujer y ánima representa el lado inconsciente femenino del hombre), mientras que las sombras representan todos los aspectos ocultos o inconscientes. Estos conceptos fueron desarrollados por Carl Jung y han resistido durante casi un siglo de escrutinio científico.

Estos personajes son guías que nos conducen a través de los sueños, y determinan si usted pasa las pruebas presentadas y avanza, o si usted continuará aprendiendo e intentando. Ánima y ánimus afectan directamente a su vida: son centros activos para la psique, independientemente si usted está dormido o despierto. Esto significa que usted tiene la oportunidad de influir en su vida soñando, o mientras está despierto. Usted aprenderá cómo hacer esto más adelante.

Sombra

Si usted hace algo fuera de lugar, como olvidar una reunión importante o inexplicablemente cae enfermo el día de un examen para el cual no está preparado, puede apostar que «la sombra» está detrás de ello. La sombra aparece cuando la gente, a pesar de sus buenas intenciones, se sabotea discretamente o hace las cosas mal, sabiendo hacerlas mejor. La sombra es el némesis interior y debe manejarse con cuidado, porque la sombra personal se conecta con la sombra colectiva de todas las personas, que constituye un lado oscuro o malvado de la humanidad, y hay mucho en juego cuando se está lidiando con esa parte de usted mismo.

La manera más fácil de explicar la sombra es definiéndola como la parte de usted que no conoce, las zonas oscuras de su mente que pueden parecen ser conscientes y estar bajo el control del ego, pero no lo son.

A pesar de que la sombra puede aparecer en los sueños como un personaje establecido, también puede tener muchas personalidades y tomar muchas formas. En sueños, la imagen de la sombra puede ser borrosa o definida. A menudo su forma es oscura o puede llevar ropa negra, pero también puede aparecer simplemente como «obscuridad».

He analizado sueños en los que las sombras representan grupos raciales (latinos, asiáticos, africanos, rusos, norteamericanos), cualquier grupo visto por el soñador como una amenaza. Estas asociaciones están basadas en estereotipos, miedos y percepciones del soñador, nunca en la realidad objetiva. Los estereotipos raciales están profundamente arraigados en muchas culturas y estrechamente relacionados con el lado oscuro de nuestras mentes.

Mientras más se infle el ego, más se bloquea la conciencia personal. Cuando la sombra se presenta, es para trabajar en su némesis interior. Cuando un ego inflado no consigue lo que quiere, es propenso a obtener lo opuesto: depresión.

La sombra puede funcionar en contra de usted mismo. De hecho, compite con usted para controlar su tiempo y sus ocupaciones. Es lo que lo hace sentir enfermo cuando no lo está, porque sus síntomas no son físicos.

Conozco a alguien que tropezó y se torció el tobillo una mañana, cuando no quería ir a trabajar. Adivinen lo que pasaba por su mente en el momento en que se tropezó: deseaba tanto tener una excusa para tomarse el día libre, pues estaba exhausta por su demandante trabajo.

La sombra puede influir incluso en las acciones o acontecimientos externos que le ocurren a usted, dependiendo de la cantidad de energía que les da. Es por eso que hago hincapié en que debe manejarse con cuidado.

La sombra está detrás de los personajes que actúan en su contra en sus sueños, simbolizando la manera en la que usted está en contra de sí mismo, ¿por qué lo hacen?, ¿qué recuerdos le traen?, ¿qué medios se utilizan para influirlo o controlarlo?

Cualquier cosa por la que usted esté enojado o herido, cualquier debilidad personal es parte del dominio de la sombra. Incluso las personas que son líderes en la política o la religión se pueden volver locos por lo que ven en su «otro yo». De lo contrario, ¿por qué se preocupan tanto?

Las personas que niegan con mayor fuerza la existencia de su sombra son a menudo las más influenciadas por ella. ¿Qué es lo que lo hace reaccionar intensamente en sus sueños o qué hay en otras personas que usted no reconoce en sí mismo, pero que su sombra manifiesta? La sombra es como un especialista, agrandado por su propia importancia, por lo que se sabe. La presencia de la sombra en un sueño indica que es necesario revertir este proceso, averiguar lo que su sombra sabe para que sea usted quien retome el control.

La sombra también está hecha de partes buenas o beneficiosas de usted mismo que ha desarrollado o que se encuentran separadas del ego por alguna razón. La mayoría de las partes de la psique, de hecho, tienen un lado oscuro (o el potencial para tenerlo).

La sombra no es del todo mala; en realidad es sólo una función de la psique, como cualquier otra. En última estancia, la sombra es la prueba que lo prepara para el trabajo con el ánima o ánimus.

La sombra debe ser analizada, antes de acceder a los niveles más profundos de la psique, de la relación entre el yo y el inconsciente. La sombra es útil para detectar la mentira, el engaño y la hipocresía, y sirve para liberar el potencial creativo, pero en primer lugar, usted debe notar sus cualidades negativas. Mientras más humilde y consciente sea usted, consigo mismo y con los demás, la sombra será más evidente. Para una mirada a profundidad de este aspecto vea los ejemplos en «El bebé hace dibujos increíble» y «Escapando».

Ánima o ánimus

Antes de comenzar este tema, quiero hacer hincapié en que los conceptos de ánima y ánimus están basados en las normas tradicionales culturales, desarrolladas en una época anterior, cuando los roles del género eran estrictamente más definidos. Las mujeres eran las jefas de la vida doméstica y los hombres eran los proveedores. En esos días, los roles de género estaban estrechamente definidos y, a pesar del tiempo, persisten pues a las mujeres generalmente se les atribuye ser sensibles, complacientes y omitir cualquier rasgo masculino, con el fin de cumplir con los ideales femeninos. A los hombres, generalmente se les enseña a ser agresivos, menos sensibles y omitir rasgos femeninos de sí mismos para cumplir con ideales masculinos. Aunque los tiempos están cambiando, estos roles de género, sin duda, no sólo están arraigados en nuestra cultura, sino también en nuestra psique y, por lo tanto, en nuestros sueños.

Existe un gran número de ejemplos, que le dan un giro a esas nociones. El asunto se pone especialmente complejo al considerar a las personas homosexuales, transgénero y transexuales.

Para entender al ánima o ánimus y saber lo que cada uno representa, éstos serán vistos según la óptica de la propia cultura y sus normas de género.

Ánima o ánimus se pueden entender como el intermediario entre el ego y la mente inconsciente. Se le llama la «cara del alma» porque es la representación de la mente consciente.

El ánima toma la forma de la mujer ideal y se conecta con el hombre en los lugares más profundos de su mente.

El ánimus es la cara masculina de la mente inconsciente femenina. Ambos cumplen la misma función: generar el desarrollo personal y unificar las partes conscientes e inconscientes de la mente.

Ánima y ánimus son muy atractivos, debido a que poseen cualidades del sexo opuesto que son inconscientes para usted, pero pueden llegar a ser conscientes. Estos personajes, de sexo opuesto al del soñador, tienen algo que instintivamente usted quiere y necesita para ser una persona completa. Incluso pueden actuar como modelos, que indiquen aquello que le resulta más atractivo en una pareja y le ayudan a prepararse para conocer a la persona correcta.

Cuando usted se encuentra con el ánima (ella) o el ánimus (él) en sus sueños, podría pensar que ha encontrado la pareja perfecta, al igual que en el siguiente sueño.

> *Conozco a una chica. La única manera de describirla es que me parece simplemente perfecta. No es una modelo retocada con* photoshop *pero, literalmente es la chica de mis sueños. Salimos sin preocupaciones. Es verano y la vida es sorprendente. Cerca del final del sueño, tenemos que irnos a lugares diferentes. Nos dejamos notas, diciendo el lugar donde vamos a estar. Lo raro es que, al final, siento como que la conozco desde siempre, ¿qué quiere decir?*

Significa que conoció a su ánima en un sueño. Ella es la personificación de todo lo femenino y lo inconsciente en su psique. El lado masculino del soñador está bien desarrollado: se le ha enseñado toda su vida a ser decisivo, agresivo e independiente. Pero, qué hay acerca del lado femenino que es intuitivo, enriquecedor y cooperativo. Si un hombre tiene la idea errónea de que no puede ser sensible y al mismo tiempo totalmente masculino, está descuidando a su ánima y soñará a una mujer, que quiere más que cualquier otra, pero que no puede tener. Si el soñador desarrolla su «lado femenino», sin dejar de ser totalmente masculino, logrará el equilibrio y disfrutará de los beneficios, siendo un hombre fuerte y sensible.

Aunque, el ánima se puede describir como una personalidad femenina en un hombre, y ánimus, como una personalidad masculina en las mujeres, su propósito es vincular los rasgos del sexo opuesto dentro del soñador, lo cual lleva a una comprensión y a una relación más profunda con su psique, y le dan significado e inspiración a la vida, para enfrentarse a cada conflicto. Su finalidad última es preparar a la mente consciente para la unión o matrimonio con su lado inconsciente.

Un hombre que carece de vínculos con su ánima languidece, se sentirá decaído, se convierte en un robot. Si el soñador tiene una mala relación con su ánima, estará de mal humor, será crítico, pero altamente sensible, en relación a la gente con la que interactúa. Una buena relación con su ánima estimulará su vida y hará que se sienta como si estuviera caminando sobre el aire, con energía creativa. Por otro lado, si el soñador logra una identificación plena con su ánima, es decir con su lado femenino podría ser en extremo sensible, miedoso o tímido.

Una mujer que carece de conexión o tiene una mala relación con su ánimus o su «lado masculino» será temperamental, crítica, sarcástica, puede sentir que la vida no tiene sentido, que no tiene nada sólido sobre lo que pararse. Una buena relación con el ánimus equilibra sus cualidades masculinas y femeninas y la obliga a tener en cuenta la sensibilidad y firmeza de sus valores y creencias. Pero si la soñadora se identifica plenamente con su ánimus podría volverse rígida, crítica y algunas veces dominante y agresiva.

Sus sueños le dirán a cada soñador cómo es su relación con el ánima o el ánimus.

Ánima y ánimus aparecen en los sueños como representaciones creadas a partir de su experiencia de vida. Sus rostros son máscaras, por lo que al buscar una pareja en el mundo real, de forma innata, el soñador buscará al personaje de este sueño, que es poderosamente atractivo. También es posible que en la búsqueda de sus sueños el soñador vaya por lo que siente, no por lo que ve.

En el siguiente ejemplo observamos el sueño de una mujer que tuvo una noche salvaje con su ánimus.

Bailando con el DJ

Estoy en un club de baile lleno de gente y dirijo mis pasos hacia el DJ, le pido que me complazca con algo, y él pone una canción lenta que es realmente genial, pero otras personas que están bailando se quejan del ritmo lento. Él y yo los ignoramos y bailamos juntos. La noche continúa y seguimos bailando música lenta. Nos besamos. Me siento muy atraída por él.

Tenga cuidado, no confunda a un amante con un ánimus o ánima, pues no son lo mismo. La relación con el ánima suele ser casta. Una relación sexual por lo general no se muestra y aunque sea insinuada a través de un baile lento y besos, crea confusión entre dos mundos: interno y externo.

Conozco ciertas excepciones en las que el soñador hace el amor con un su ánima o ánimus, así que realmente depende de cada persona.

Un hombre puede encontrar a una mujer que exprese sensibilidad, estimulación y rasgos inspiradores de su «mujer interior», pero el soñador tendrá problemas si proyecta esas expectativas de perfección en una mujer real. La burbuja explotará cuando la fantasía se enfrente a la realidad.

Del mismo modo, una mujer puede encontrar a un hombre cuyo pensamiento valores e independencia se desarrollen como su ánimus, pero estará predispuesta a la decepción, cuando su lógica difiera de ella. Su ánimus permanecerá ahí para otorgarle una mayor y más profunda concientización de lo que cree y siente.

En el último ejemplo, el DJ elije una canción para la soñadora que ella no habría elegido, pero que disfruta, aunque la gente se queje del ritmo. A las mujeres se les concientiza para ser más escrupulosas de las reacciones sociales y para que den cabida a la opinión de un grupo, pero en este sueño, la soñadora aprende a «bailar a su propio ritmo». La mayoría de los hombres nacen con esta independencia; pero las mujeres tienen que aprenderla. De la misma forma, gran parte de las mujeres son sensibles y, en cierta medida, los hombres mantienen una lucha general con ser independientes y sensibles a la vez.

Jung acuñó los términos y primero explicó las teorías que sostienen la existencia de la sombra y el ánima/ánimus en la psique. Dijo que la sombra es una especie de llave maestra y el ánima/ánimus es un guardián. La clave está en su conocimiento, y es la puerta de acceso para reconocer su potencial.

Consejo

Usted puede caracterizar a su sombra o ánima/ánimus nombrándola o permitiéndole autonombrarse. Puede usar nombres mitológicos o heroicos como Hércules, Apolo, etcétera. El nombre correcto es el que a usted le parezca o le suene mejor.

Hágalo usted mismo

Usted será capaz de desentrañar sus sueños de una mejor manera, si mantiene un registro de los personajes. Muchos de ellos se repiten, porque son personas que participan activamente en su vida, representan algo o son parte de usted mismo, por lo cual aparecen siempre de la misma manera o pueden mostrarse con aspectos diferentes. Usted los reconocerá por la forma en que lo hacen sentir. Haga una columna con los personajes de sus sueños a la izquierda y sus interpretaciones a la derecha. Para los personajes de los que usted no está completamente seguro, haga algunas conjeturas y deje que el tiempo le ayude a decidir. Una vez que usted logre identificar a algunos de sus personajes principales, sus sueños serán más fáciles de descifrar. Esto le servirá de ayuda si piensa en ellos como personas que realmente tienen vida propia (en lo profundo de su mente).

Ahora, recordemos y hagamos algunas preguntas útiles para recordar y hacer un registro de sus sueños:

- ¿De qué manera aparecen los símbolos en sus sueños?

- ¿Las acciones pueden describirse simbólicamente?, ¿sucede algo en el sueño que es desproporcionado o está fuera de la realidad?

- ¿Cuáles son los escenarios?, ¿qué simbolizan?, ¿usted reconoce el paisaje?

- ¿Quiénes son los personajes?, ¿qué funciones desempeñan?, ¿están conectados con su personalidad o muestran algo sobre usted mismo?, ¿qué papeles interpretan?

Los tres componentes narrativos: acción, reacción y resolución

A continuación, analizaremos los componentes narrativos del sueño y mostraremos cómo cuentan la historia de su vida, día a día.

Estas herramientas proporcionan fundamentos para recordar y comprender los sueños.

Haciendo una analogía con un programa de televisión, es el resumen que nos ayuda a recapitular y entender los episodios. Cuanto mejor conozca la estructura básica de los sueños, más fácil será recordarlos.

La comprensión de la estructura general de los sueños ayuda a la mente racional a comprometerse con la historia.

Los sueños tienen tres componentes principales: la acción, reacción y resolución.

Analicemos el siguiente ejemplo:

> *Soy un adulto, pero me encuentro en la escuela primaria y me enfrento a un niño agresivo de mi pasado. Pienso que no tengo tiempo para esta tontería y luego abandono la escena.*

- Acción: El soñador se enfrenta a un viejo enemigo.
- Reacción: El soñador deja la escena.

Este simple ejemplo, está basado en un paradigma común: El némesis o el oponente. Cómo reaccionaría si usted fuera un niño que fue golpeado o agredido y ya como adulto se enfrenta a una conducta similar ante un furioso y sarcástico, pero inofensivo compañero de trabajo, o al peatón que cruza sin cuidado frente a su vehículo.

Los sueños reproducen situaciones y escenarios pasados, para darle la oportunidad de trabajar con situaciones no resueltas que le podrían causar una impresión exagerada, con el objetivo de dejar atrás el pasado.

En los sueños, el némesis debe tratarse con cuidado. En el ejemplo anterior, ante la confrontación con un personaje agresivo del pasado, la solución del soñador fue salir en lugar de pelear. Los adultos atareados no tienen tiempo para esos juegos o no pueden darse el lujo de perder la calma.

ACCIÓN

Primero enfóquese en la acción del sueño, pues ésta le contará la historia. Piense en eso como la trama de una película o una serie de TV. Usted es un espectador que tiene la trama de la historia en su cabeza; ahora recuérdela y descríbala. La acción no siempre tiene sentido, así que busque recuerdos en algo irreal que haya soñado. En ocasiones, eso hace que los sueños sean memorables. Si usted despierta pensando «¿Qué diablos pasó en ese sueño tan loco?» Es un buen indicador para recordarlo. Con frecuencia los sueños son absurdos, porque así consiguen su atención.

Considero que una gran cantidad de sueños se almacenan en el cerebro, al igual que los sucesos que ocurren cuando va manejando o está formado en una fila.

Sin embargo, la acción le da vida a los símbolos oníricos, muestra lo que está ocurriendo y hace que la historia tenga movimiento. Casi siempre, la acción es la parte del sueño en la que reside el significado del sueño.

Como en «Cruzando una plataforma» (pág. 36), que narra la historia en la que una soñadora ha comenzado su vida sexual. Para llegar a esa conclusión, analicé con detenimiento lo las acciones:

> *…camino con mis compañeros por una plataforma estre-*
> *cha que se puede volcar, cruzamos por encima de un pozo*
> *oscuro. Veo caer algunas chicas frente a mí, pero yo me las*
> *arreglo para llegar al otro lado.*

Dado a que las chicas cruzan una plataforma, considero que la acción describe algo por lo que atraviesan todas las chicas de esa edad: tal vez un rito o una travesía. Interpreto la idea de «caminar por una plataforma estrecha» lo que me lleva a vincularlo con la expresión «dar el paso», que en este caso se refiere a iniciarse en la sexualidad. Algunos logran cruzar la plataforma para llegar a una vida sexual adulta saludables. Pero algunas chicas no pasan la prueba, lo cual se simboliza en el sueño describiendo que caen en un pozo oscuro.

Para llegar a una vida sexual activa, el soñador experimenta cierto peligro y se ve amenazado con la posibilidad de caer. La caída representa para la soñadora quedar embarazada, adquirir una enfermedad o arruinar su reputación. La analogía se desarrolla a través de las acciones como caminar y caer. Además se enlaza con el símbolo del molesto suéter naranja.

He aquí otro sueño con énfasis en la acción.

Nado con delfines

> *Nado con rapidez y agilidad en un agua azul y clara. Los*
> *delfines juegan cerca. ¡Es muy estimulante!*

El agua clara representa transparencia, pensamientos y sentimientos tranquilos. Los delfines son criaturas inteligentes y juguetonas, simbolizan el desarrollo personal del soñador. La acción de nadar une los símbolos y revela el significado del sueño: nadar en el agua con habilidad implica que puede hundirse dentro de sí misma, en sus pensamientos y sentimientos, y que puede emerger como una persona más completa. El sueño muestra un proceso de desarrollo personal que es verdaderamente emocionante.

Así que para recordar la acción de un sueño, hay que empezar preguntando qué pasó y por qué, dónde ocurrió y qué reacción tuvimos, cuál es la razón o propósito de las acciones.

Recordar la razón detrás de la acción puede refrescar la memoria de otras escenas de un sueño, como en el siguiente ejemplo.

Plantar un árbol con mi esposo

Mi esposo dice que quiere plantar un árbol, y yo pienso que es buena idea. Entonces plantamos un árbol frente al patio.

En este sueño, la acción de plantar un árbol simboliza formar una familia, ya que los árboles son metáforas establecidas para las familias y los sueños comúnmente se sirven de éstas. Además existe eso que comúnmente llamamos «árbol genealógico».

El árbol se planta en el patio delantero, donde la sociedad puede verlo, lo cual implica que estar embarazada y tener un bebé son eventos que se relacionan con la familia, amigos, compañeros y vecinos. El sueño le indica a la soñadora que su esposo está listo y le da la oportunidad de decidir si ella también lo está.

Al principio, esta soñadora solamente recordaba que su esposo quiere plantar un árbol, y evocando esa parte, su memoria atrae la siguiente escena en la que siembran. ¡Es hora de que la pareja deje el control de natalidad!

Estos ejemplos representan algunas de las interminables maneras en que los sueños utilizan acciones para comunicar sus significados. Al leer las descripciones de los sueños en este libro, ponga mucha atención a la acción y piense en él como parte de una intriga o trama.

¿Hará un viaje?, ¿tiene algún proyecto?, ¿tiene que hablar con alguien?, ¿necesita pensar en algo?, ¿cómo se reflejan o se relacionan las acciones de sus sueños con su vida diaria?

Busque significado de los símbolos y recuerde que todo en sus sueños es alegórico.

REACCIÓN

Por cada acción hay una reacción, y en los sueños su reacción revela cómo se siente usted ante la situación que se presenta y con aquello que interviene en el curso de su sueño.

En el ejemplo anterior, la soñadora manifiesta una reacción positiva al sembrar el árbol. Formar una familia es una buena idea para ella. Si ella no estuviera completamente convencida de esto, el sueño podría mostrarle que sería mejor convencer a su esposo para que en lugar de plantar un árbol adopten a un perro.

En el sueño en el que la chica cruza una plataforma, la reacción de la soñadora es que decide tomar el riesgo. Ella se pudo haber abstenido de tener relaciones sexuales, ya que algunos de sus compañeros optaron por hacerlo en la vida consiente, pero ella demuestra que está lista para tomar esa decisión y lo hace. Si la soñadora se hubiera enfrentado a relaciones sexuales riesgosas, la reacción en el sueño podría manifestarse como una caída.

En el siguiente sueño, la reacción del soñador revela algo acerca de él mismo, que le impide alcanzar su potencial.

El ascensor con Noam Chomsky

Noam Chomsky (lingüista y crítico social) dirige un ascensor que se detiene en algunos pisos para presenciar escenas de protesta. Él explica por qué el mundo está en tan terrible estado y tiene razón, pero rápidamente olvido lo que dice. Después, hace una parada en un piso y me pide que espere un momento porque tiene algo que hacer. Cuando el sale del ascensor, presiono el botón para ir a la planta baja. La puerta del elevador se cierra y éste baja tan rápido que me asusta, porque siento que me hundo.

El personaje principal del sueño, Noam Chomsky simboliza el intelecto del soñador, que está aprendiendo a discernir las complejidades del mundo. El soñador tiene potencial para ser un intelectual como Chomsky, éste es el motivo de la aparición de este personaje famoso.

Sin embargo, el soñador no recuerda lo que le dijo Chomsky, lo cual bloquea su progreso. El intelectual le da la oportunidad de hacerlo bien, de esperar, pero el soñador reacciona enviando el elevador a la planta baja. Ir hacia abajo puede simbolizar degradación o pérdida, pero eso también puede tener un significado más metafórico como ir al fondo de usted mismo, al sótano de su personalidad o de su ser.

El escenario es una prueba para ver si el soñador está listo para más. Este sueño narra una historia acerca de la capacidad de aprender. La rápida caída del ascensor simboliza la sensación de hundimiento que una persona experimenta cuando ha reaccionado de manera impulsiva y errónea, porque el arrepentimiento y la sensación de viajar de manera rápida en un ascensor, es similar a lo que se siente físicamente en el cuerpo.

Usted puede interpretar este tipo de sucesos en sus sueños preguntándose cómo son sus sentimientos y reacciones en sus sueños y si son similares a los que experimenta en su vida, al despertar.

En este sueño la pregunta que el soñador debe hacerse es: ¿con qué frecuencia he tenido la sensación de una caída rápida como la del ascensor?

Consejo

En los sueños, con frecuencia aparecen diversos recursos narrativos y símbolos como el ascensor, del último ejemplo. En este caso, el ascensor es menos importante que la acción que ocurre dentro de ella.

En una línea similar mostramos el siguiente ejemplo.

Estoy en un centro de entrenamiento psíquico. Un hombre mayor, que es científico, me lleva al grupo de aprendices, a través del centro de entrenamiento, haciendo la primera para-

da en el área militar. Estoy fascinado por los experimentos de visión remota y telepatía, pero el grupo se traslada a un salón de clases para comenzar el aprendizaje. En lugar de quedarse con ellos, logro escabullirme al área militar. Mientras tanto, un alboroto estalla en el aula, porque un estudiante conflictivo ataca con una macana a la maestra para darle muerte.

El soñador reacciona ante el escenario estableciendo su propia agenda de aprendizaje. En lugar de ir por donde le indican, que es la forma segura para adquirir las habilidades especiales o psíquicas que una persona posee, consigue entrar al área militar, lo cual implica que puede acceder por sí mismo o buscar a quien pueda mostrarle cómo llegar a su máximo potencial. Por otro lado el estudiante conflictivo representa una parte del soñador que ignora normas y límites, bloqueando su capacidad de aprender.

El escenario, que es un centro de desarrollo psíquico, simboliza los sentidos más profundos de la mente, que obtienen información que no proviene de una fuente directa, sino de la intuición, la sensibilización del subconsciente o la percepción extrasensorial.

En estos dos ejemplos, se presentan situaciones similares: las reacciones de los soñadores exponen sus debilidades personales. Ambos aspiran a desarrollarse, tal como se espera de un escenario que representa un centro de entretenimiento psíquico y una visita guiada, dirigida por un famoso intelectual.

Y sus sueños les dicen: «Tu puedes lograrlo, pero hay algo que te detiene». Esos sueños son, en cierto sentido, simulaciones, como en *Star Trek*, donde los personajes se enfrentan a hologramas para ponerse a prueba a sí mismos.

Estos sueños son una forma de aprender a través de sus reacciones hacia lo inesperado, las cuales revelan detalles de su verdadera personalidad.

El soñador en el centro de formación psíquica, aprende que su lado indisciplinado interrumpe el desarrollo de sus dones mentales.

En el siguiente ejemplo, en una temática similar, acerca de aprender a usar los dones, el soñador reacciona dando un giro inesperado.

Castigo divino

Juego en el patio de mi casa y Dios me habla desde arriba. Me dice que puedo hacer lo que yo quiera, puedo tener el poder de volar o de hacer aparecer cosas, utilizando el poder de mi mente. Todo es muy luminoso y cálido.

En algún momento se me ocurre la idea de convocar una nube de abejas para atacar a las personas que me han hecho daño. Sólo a esas personas, no a otras.

Tan pronto como las abejas salen y empiezan a atacar a los demás, el cielo se oscurece y regresa Dios, para castigarme instantáneamente. Su voz me dice en un tono muy profundo que, por lo que he hecho, todas las facultades que se me han dado serán despojadas y que estaré solo. Me siento herido. El sueño termina conmigo de rodillas, en el frío y en la oscuridad, sintiéndome completamente abandonado.

Dios se manifiesta como una realidad en el mundo de los sueños. Se puede interpretar como una proyección de las creencias del soñador, un «arquetipo» en lo profundo de su psique, que indica una presencia divina o un contacto espiritual.

En este sueño se muestran explícitamente las consecuencias de la elección del soñador, que abusa de sus dones. Su reacción ante tener poder es la de enviar un enjambre de abejas para que ataquen a las personas que le han hecho daño. Esto demuestra que tiene que aprender una lección en relación a la venganza.

Afortunadamente sólo es un sueño, una oportunidad de aprendizaje. La parte inconsciente de la mente, tiene un potencial creativo ilimitado y usa los sueños como campo de entrenamiento para su contraparte consciente. A veces la reacción del soñador es fundamental para seguir avanzando con la historia del sueño. Las opciones que tiene el soñador afectan el final del sueño. Esas opciones continuarán determinando los próximos sueños.

Los sueños se pueden retomar de donde quiera que usted los haya dejado, adelantarlos retrocederlos o reproducirlos.

Ante un largo sueño, el soñador reacciona con prudencia y elije de forma adecuada, lo cual trae beneficios en la vida al despertar.

Volando en una nave espacial

Voy como un pasajero en una nave extraterrestre y descubro los medios para controlar la dirección de la nave, pero la ruta que la nave toma se determina por medio del voto de todos los tripulantes. Quiero decidir, pero debo pensarlo mejor porque podría ser un serio error interferir en la decisión de alguien más.

La mente inconsciente se da cuenta cuando un soñador toma buenas decisiones. La acción de no interferir con el curso de la nave alienígena, libera al soñador para tomar sus propias decisiones, dándole mayor oportunidad para actuar con franqueza.

Lo que uno hace a los demás, se hará a sí mismo, de una manera u otra.

Cada escenario de un sueño es, en última instancia, creado por las vivencias y decisiones del soñador, las elecciones se hacen mientras se está soñando o se está despierto.

Consejo

Por lo general, somos menos restringidos en los sueños que cuando estamos despiertos, por lo que sus reacciones en los sueños le pueden mostrar cómo desearía reaccionar bajo ciertas circunstancias, en lugar de la forma en la que reacciona usualmente.

RESOLUCIÓN

La acción y la reacción de un sueño trazan un escenario, un problema, una situación, un conflicto. La pregunta sería ¿qué lo resuelve? La resolución casi siempre apunta a un área de la vida que necesita atención o tiene el potencial para crecer. Regularmente, la resolución sólo se insinúa, pero ahí está, formada completamente en los sueños.

La solución que sus sueños plantean, puede ser difícil de recordar, pero si usted puede recordar la acción y la reacción, sólo tiene que ir un poco más allá, para encontrar la resolución. Se puede encontrar en cualquier punto, pero casi siempre es cerca del final. Si usted recuerda un sueño, pero no su solución, podría ser usted quien encuentre la manera de resolverlo.

Recuerde que cada uno de nosotros constituye la parte activa en la resolución de nuestros sueños.

La solución puede ser el componente más difícil en la interpretación de un sueño, ya que sólo se insinúa o simplemente no se muestra. Tenemos que encontrar la solución una vez que estemos despiertos. Algunos sueños son parte de una serie que no se resolverá hasta el final, o hasta que el soñador tome las decisiones correctas. Otros sueños conllevan a una resolución a través de los temas presentados, preguntas y otros aspectos del soñador que cobran vida.

En el siguiente ejemplo, el soñador está trabajando en una panadería familiar, cuando un alboroto estalla en el vestíbulo. Sin embargo el soñador se aparta de la escena perturbadora con la ayuda de un personaje útil.

> *Veo a un niño pequeño, usando un uniforme de béisbol, cerca de la puerta principal que quiere irse.*

Tomé este pequeño extracto de un largo sueño únicamente para mostrar cómo se resuelve.

Trabajar para una empresa familiar significa cargar con las obligaciones de la familia del soñador, y la acción de hacer frente a un tumulto simboliza su papel de mediador y conserje. Sin embargo, éste es un papel que el soñador ya no quiere. Por esa razón su sueño envía un personaje útil para separarlo de la conmoción. Un niño que tiene deseos de salir por la puerta principal, vestido con un uniforme de béisbol, un deporte que el soñador jugó y que lo hacía feliz. Este personaje representa la resolución para el soñador.

La resolución del sueño se encuentra a veces en la acción o la reacción, otras veces es simbólica y se presenta insinuada. En este caso, el niño con uniforme de beisbolista es una insinuación para que el soñador deje la empresa familiar y realice algo más personal: dejar de hacer lo que hace felices a los demás y hacer lo que lo hace más feliz a sí mismo.

La resolución del próximo sueño, fue revelada al hacer un seguimiento durante algunas noches de sueños.

La tormenta de nieve

Me esfuerzo por salir de una tormenta de nieve. De pronto, enterrado en la nieve, encuentro un amuleto redondo hecho de oro y plata. Lo recojo y lo pongo en mi bolsillo. Un caballo blanco está cerca y quiero montarlo, pero un hombre enigmático tira de sus riendas y lo aleja de mí.

Encontrar un objeto precioso en un paisaje desolador, representa un hallazgo o una forma de crecimiento en la vida del soñador. La forma redonda en los amuletos, simboliza este propósito: ayudar al soñador a convertirse en una persona completa. Para más detalles sobre las formas circulares vea la «Guía de símbolos» (pág. 177).

No obstante, el avance del soñador está bloqueado por el hombre que jala las riendas del caballo. El caballo simboliza la habilidad del soñador para moverse y avanzar, por lo que el hombre enigmático es quien controla la dirección y el movimiento de su vida. Todo eso simboliza un aspecto del soñador que lo mantiene en depresión.

Los caballos blancos se asocian comúnmente con algo que viene al rescate, por lo que la acción del hombre del tirar del caballo y alejarlo del soñador es un acto simbólico que indica algo que le impide escapar de la depresión. Analizar detenidamente su sueño y la figura de la sombra, le permiten al soñador encontrar una resolución unas cuantas noches más tarde:

> *De nuevo me encuentro, al caballo en la tormenta de nieve y lo monto. El hombre sombrío está cerca y tengo que apurarme. Tomo las riendas y fustigo al caballo para huir. Nos encontramos frente al borde de un acantilado muy profundo de un lago. Yo no quiero que el hombre nos alcance, así que salto con el caballo por el acantilado y caemos al agua.*

Después de un tiempo, el soñador logró percatarse de que una parte de él mismo estaba representada por el hombre misterioso.

Saltar por el acantilado simboliza su confianza para decidir el camino a seguir, aunque éste requiera «un esfuerzo de fe». La inmersión en el agua muestra un momento de curación; es tiempo para escapar de la influencia de la sombra y sumergirse dentro de sí misma.

La resolución final es que el soñador ha encontrado su camino, por encima de los obstáculos simbolizados por el hombre, que son los impedimentos que se originan dentro del soñador.

Un sueño provoca una acción que busca la resolución durante el sueño o después de él.

Veamos el siguiente sueño:

> *Me recupero de una adicción y sueño que mi hija me visita y me dice que si reincido morirá antes de ser concebida, con lo cual elimino la posibilidad de su existencia.*

El sueño puede ser interpretado como una proyección de los miedos del soñador, un aviso muy descriptivo, producto de la habilidad de la mente inconsciente para predecir el futuro basado en las circunstancias presentes y pasadas. Cualquiera que sea la forma de interpretarlo, este sueño es un mecanismo para que el soñador se recupere de sus adicciones y siga adelante viviendo bien, o de lo contrario se perderá de algo muy importante.

La resolución lleva al soñador a atender el mensaje del sueño y hacer cambios.

A continuación veremos un sueño, con cierta similitud que contiene una llamada de atención.

Secuestro en la guardería

Estoy en la guardería de mi hija y en el altavoz una voz informa que los niños están desapareciendo. Los adultos están muy ocupados para notarlo. Reviso el lugar y encuentro a un hombre secuestrando a mi hija.

La llamada de atención en este sueño es obvia, pero las personas no siempre toman en serio sus sueños. El soñador siente que algo relacionado con su hija anda mal. El sueño comunica lo que ocurre a simple vista «los adultos están muy ocupados para notarlo».

Posteriormente el soñador tiene otro sueño sobre su pareja que le indica cuál es el origen del problema. Para cambiar la relación con su hija, necesita actuar y cambiar de actitud con respecto a la atención que le brinda a su hija.

Hágalo usted mismo

Reflexione sobre aquellos sueños que le han dado un aviso para actuar.

Sus sueños le han indicado cuándo iniciar proyectos, dejar algo dañino, hacer más ejercicio, tomar un descanso, estar más en contacto con alguien, cambiarse de trabajo.

En ocasiones esto se sabe debido a una corazonada o un sentimiento que se manifiesta en el sueño, pero en ocasiones los sueños hacen sugerencias de manera directa, o a través de acciones y símbolos.

¿Ha tenido usted algunas reacciones en sus sueños que recuerde?

Por ejemplo mis reacciones casi siempre son la parte más memorable de un sueño. Si sueño que un mosquito me pica el cuello, no podría recordar la parte del sueño previa al momento en el que el insecto pasó volando cerca de mi cuello, pero recuerdo haberme despertado y haberme dado una bofetada en el cuello.

¿Puede identificar los sueños que le han mostrado soluciones?

Con frecuencia lo sabe, porque algo dentro de usted le responde con un rotundo «sí».

Ahora tiene las bases para comprender lo que son acción, reacción y resolución de un sueño, usted podrá identificarlas y recordará mejor lo que ocurre en sus sueños.

A medida que su conocimiento sobre estos temas crece, podrá recordar mejor sus sueños.

Cuando recuerde y escriba sus sueños, pregúntese: ¿cuál es la trama, la historia o el tema del sueño?, ¿cuál es el efecto que le causa?, ¿cuál es su reacción y qué indica acerca de sus sentimientos?, ¿cómo influyen sus reacciones en el sueño?, ¿cuál es la resolución de la historia?, ¿cuál es la moraleja o la lección?

La diversión realmente comienza una vez que usted logre responder y escribir todas las preguntas. La interpretación de los sueños es algo muy parecido a un juego de adivinanzas, en el que es necesario seguir las pistas y realizar pronósticos. Así podemos continuar con la interpretación de los siguientes sueños.

Sueños internos y externos

Comúnmente asociamos la interpretación de los sueños con un aura de misterio. Podríamos evocar imágenes de síquicos que miran las bolas de cristal o psicoanalistas que leen las mentes de sus pacientes, pero la esencia de la interpretación de los sueños es realmente muy simple y comprensible. Cualquiera puede hacerlo, sin requerir entrenamiento especial. A continuación aprenderemos sobre algunos factores presentes en los sueños y las técnicas para interpretarlos, que disipan el misterio y lo convierten a usted en su propio intérprete.

Los sueños pueden clasificarse en dos niveles básicos:

- Internos o subjetivos: describen lo que está pasando dentro de usted.
- Externos u objetivos: se refieren a lo que está ocurriendo en su vida.

Si usted percibe la diferencia entre un sueño que habla de su vida interna o externa podrá interpretarlo mejor.

SUEÑOS INTERNOS

En su mayoría, los sueños relacionados a la vida interior contienen símbolos y detalles sobre sus sentimientos, pensamientos y percepciones. Aunque en estos sueños pueden aparecer otros aspectos de su vida exterior, no obstante, si prevalecen los aspectos relacionados con sus sentimientos, entonces se tratarán de sueños sobre su vida interior.

SUEÑOS EXTERNOS

Por otro lado, los sueños sobre la vida exterior pueden ser interpretados asociándolos con acontecimientos de los días anteriores, las situaciones que usted experimentó recientemente e impresiones que algunas personas le causaron. Para interpretarlos usted puede comparar sus últimas experiencias con los símbolos y los detalles del sueño y hacer las conexiones.

Los dos niveles de sueños a menudo se mezclan pero, por lo general, un sueño tendrá un nivel predominante por encima de otro. Sin embargo usted deberá utilizar ambos mecanismos de interpretación para el mismo sueño.

Con esto en mente podemos considerar otros aspectos primordiales para interpretar sus sueños.

Hay ideas clave que hay que tener en cuenta, al interpretar sus sueños:

Piense en los sueños desde un punto de vista alternativo, como historias que alguien cuenta sobre usted en su mente inconsciente. Las historias muestran algo sobre su vida interior o externa, pero generalmente no lo exponen directamente, pero usan imágenes e indicios, como las adivinanzas.

En algunos sueños lo que ves es lo que obtienes. Los sueños surgen a partir de acontecimientos de su pasado reciente. A veces los sueños cuentan historias ocurridas el día anterior, quizás dos, enfocándose en cualquier cosa que usted bloqueó conscientemente, pero que ha quedado registrada en el subconsciente.

A continuación abordaremos cada uno de esos puntos en profundidad y ejemplificaremos cada aspecto con un sueño concreto.

Los sueños son historias que alguien cuenta sobre usted

La interpretación de un sueño comienza con la comprensión de que todo en ese sueño tiene relación con usted, el soñador.

En general, los personajes son proyecciones de usted mismo, pero también pueden ser representaciones de personas presentes en su vida.

Los escenarios representan áreas de su vida o de usted mismo. Los símbolos se derivan de su experiencia personal. Los sueños contienen información de su vida, contada de forma simbólica, que muestran detalles de su vida interna y externa.

Como intérprete de sus sueños, su tarea es descifrar los símbolos y unir las pistas. El siguiente sueño está relacionado con la vida externa del soñador e ilustra lo que quiero decir.

El espectáculo mortal

Mi familia se dirige a un casino, en donde mi hermana estará compitiendo en un certamen. Por alguna razón nos separamos en el camino y pierdo de vista a mi padre. Llamo al hotel donde nos hospedaremos. Mi hermana contesta el teléfono y le pregunto si algo anda mal con mi padre, porque no lo encuentro. Me dirijo a la habitación y lo encuentro muerto con una sábana tendida sobre su cara. Pero, después él se incorpora, se sienta y cuenta historias acerca de cuando era niño.

La historia que se cuenta está basada, en gran medida, en la vida del soñador, quien recientemente se enteró de que su hermana tuvo relaciones sexuales con su novio, lo cual está fuera del código familiar, en el que se ha establecido como incorrecto tener sexo antes del matrimonio.

Saber que el sueño describe una situación externa en su vida, indica cómo interpretarlo.

Su hermana no aparece en el sueño para representar un aspecto o cualidad del soñador, sino para representar la situación entre los miembros de la familia.

El escenario del casino implica que alguien está «jugando y arriesgando» la vida familiar. El soñador cree que su hermana está haciendo algo que se supone no debería de hacer. El certamen está relacionado con el tema del matrimonio porque la hermana quiere ser la elegida. El hotel simboliza que la vida de su hermana está pasando por una transición.

La sábana sobre el rostro de su padre es una forma de decir que su hermana está ignorando sus órdenes sobre tener relaciones sexuales antes del matrimonio, lo cual es una forma perder de vista el código de conducta familiar.

Sin embargo, el detalle final en el que se muestra al padre reincorporándose y contando historias sobre su niñez sugiere que la situación no es potencialmente catastrófica como teme el soñador. Cuando su padre se sienta y cuenta historias de su pasado se sabe que, a pesar de lo que el padre quiera enseñar a sus hijos, él tuvo relaciones sexuales antes del matrimonio, también.

Sueños como éste son provocados por acontecimientos externos y describen lo que está pasando en la vida real del soñador. Los personajes son representaciones de las personas reales de la vida del soñador, aunque otros detalles son simbólicos en diferentes maneras, como el escenario del casino que es un símbolo de juegos de azar con consecuencias potenciales de ganar o perder.

El siguiente ejemplo también está relacionado con la vida externa del soñador.

Violación en la gasolinera

Estoy en la gasolinera y un tipo horripilante me observa.
Él me sujeta, me lleva a un costado del edificio y me viola.

Asumiendo que esto es un sueño interno, podríamos preguntarnos qué es los que está «violando» la energía o la motivación del soñador, puesto que la gasolinera es un escenario simbólico para proveernos de energía para que nuestras vidas tengan movimiento.

El hombre que la viola puede ser un símbolo de algo que la está obstaculizando en alguna manera. Sin embargo, este sueño se derivó de un accidente que le ocurrió un día anterior; un tipo realmente espeluznante chocó contra su auto en la gasolinera, mientras ella llenaba el tanque.

Dado que sabemos eso, podemos interpretar que la violación es simbólica, pues ese hombre la hizo sentir como si su dignidad hubiera sido vulnerada, como si ella no pudiera tener control de algunas situaciones. El personaje y el escenario se han extraído de sus experiencias reales, mientras que la violación expresa simbólicamente los sentimientos del soñador.

Lo que ves es lo que obtienes

A veces el significado de un sueño es literal. Usted no tiene que interpretar o encontrar significados ocultos, porque lo que se muestra es obvio. El próximo sueño muestra un claro ejemplo de ello.

Perdido y encontrado

Estoy buscando en mi casa un látigo que perdí hace años y lo encuentro escondido en una placa del techo. Mientras estoy en eso, recuerdo un videojuego perdido y tengo la sensación de que lo encontraré enterrado entre los cojines del sofá.

Un látigo perdido y un videojuego, como símbolos, pueden tener varias interpretaciones, pero siempre se debe empezar con lo que es obvio. Cuando el soñador despertó, revisó el techo y encontró el látigo, exactamente donde soñó que estaría. Después examinó los cojines del sofá y encontró el videojuego.

La conclusión es que el soñador sabía, desde el principio, dónde estaban el látigo y el videojuego, pero los recuerdos estaban perdidos de su mente consiente. Simplemente el soñador recordó lo que ya sabía.

Algunos sueños son altamente simbólicos, mientras que otros tienen significado literal. Por ejemplo, en la tradición cristiana se cree que José tuvo un sueño en el que le dijeron que llevara al niño Jesús y a María a Egipto y se escondieran del rey Herodes. No es un sueño cotidiano pero se entiende la idea: debían huir y esconderse de Herodes. Si José se sentara a pensar, preguntándose cuál sería el significado simbólico de ese sueño y perdiera de vista el mensaje obvio, hubiera tenido un gran problema.

Este tipo de sueños que muestran una situación externa, requieren una acción inmediata.

Los sueños surgen a partir de acontecimientos del pasado reciente

Ya sea que los sueños sean internos o externos, éstos mostrarán aspectos y personajes relacionados con las vivencias del soñador de uno o dos días anteriores al sueño. Los temas que aparecen en sus sueños provienen de cualquier cosa en la que usted no puso suficiente atención o que necesita entender mejor. En ocasiones estas cosas están olvidadas conscientemente, pero permanecen registradas en el subconsciente.

Las opciones de un empleado antes de cambiar su situación laboral, las necesidades no expresadas de una esposa o niño, los pensamientos amorosos de un compañero de clase o de trabajo, la idea detrás de una gran decisión.

Si conscientemente usted bloquea algunos aspectos de su vida, su subconsciente amplificará las percepciones, ideas y sentimientos en sus sueños para llamar su atención. En general, cuando más dramático es el sueño, hay más necesidad de prestar atención a algo.

Constantemente nos bombardean con información subliminal, ya que vivimos en entornos bastante ajetreados, sin embargo, gran parte de la información se pierde por una sobrecarga sensorial, pero la mente inconsciente, incansable y constantemente, registra todo, día a día, sin perder el ritmo.

Cuando la mente consciente cede al sueño, la información sensorial se apaga y la mente inconsciente puede decir «ahora que tengo toda tu atención, esto es todo lo que sucedió mientras estabas ocupado». Esto sucede a través de varios elementos como los sentimientos del soñador que responden a lo sucedido, planteando soluciones a problemas o preguntas, y mostrando nuevas posibilidades en los sueños.

Dos grandes herramientas para interpretar los sueños

1. Utilice la asociación para descubrir el significado personal y las conexiones que hay con sus sueños.

2. Analice sus sueños separando los elementos (símbolos, escenarios, personajes) y componentes (acciones, reacciones, resoluciones), y realice las interpretaciones utilizando asociaciones.

La interpretación de los sueños es, en gran medida, un proceso intuitivo de asociación entre el sueño y la vida del soñador.

También es conveniente utilizar los sentimientos como guía, como el ejemplo siguiente que muestra una situación interna.

Atrapado en la estación

Estoy en una estación de tren y mi boleto es para el tren número 9. Un anuncio avisa que el tren que espero se retrasó a causa de un accidente. Otros pasajeros están esperando al mismo tren que está demorado, así que me resigno y espero con ellos a pesar de mi molestia.

Las estaciones de trenes en los sueños, por lo general, simbolizan etapas de transición, ¿pero qué significa el número 9 y cuál es el accidente al que se refiere?

Debido a que los números suelen relacionarse con los momentos de la vida del soñador, me gustaría saber qué le ocurrió al soñador cuando tenía nueve años; cuáles eran los acontecimientos significativos en esa etapa de su vida, quiénes eran las personas importantes, a qué escuelas acudía, cómo era la casa que habitaba.

El soñador mencionó que sus padres se divorciaron cuando él tenía esa edad y su vida «se descarriló» debido al trauma de la separación. Ahora una parte del soñador quiere seguir adelante con la transición, pero otra está atrapada en la estación de tren con los demás pasajeros.

El sentimiento de irritabilidad por la demora del tren en realidad demuestra lo que el soñador siente respecto al retraso que hay en su vida.

Asociaciones como la anterior constituyen, en esencia, la interpretación de los sueños.

Por supuesto, que llegar a estas conclusiones no es fácil, pero con la práctica, la asociación se volverá más natural y probablemente llegará a conclusiones rápidamente.

La asociación es simplemente buscar una relación con lo primero que se le viene a la mente en relación a lo que soñó. Todo debe fluir naturalmente, pues no existen respuestas correctas o incorrectas sobre los detalles del sueño.

Para el sueño anterior, el proceso de asociación fue el siguiente:

¿Cuáles son los primeros pensamientos que vienen a la mente en relación a una estación de trenes?, ¿qué ocurre en esos lugares en general?

Debido a que el número nueve salió en el sueño, puede cuestionarse qué pasó en la vida del soñador a esa edad. Los números tienen cierta relevancia porque pueden indicar diferentes cosas, por ejemplo el número de miembros en su familia inmediata o una dirección.

¿El escenario le recuerda lugares que conoce en la vida real consciente o se trata de un escenario que ha aparecido en sueños anteriores?, ¿cómo se siente cuando se encuentra en la estación de tren?, ¿las personas que aparecen en el sueño le recuerdan a alguien o algo?, ¿qué detalles no se representan en el sueño?, ¿cómo fue el accidente que retrasa al tren?

El primer pensamiento que viene a la mente en relación a la estación de trenes, es que se trata de un lugar donde la gente acude para viajar y los trenes nos llevan a nuevos lugares.

Sabemos que el número nueve representa la edad del soñador cuando sus padres se divorciaron.

El soñador se siente irritado, retrasado, atrapado dentro de la estación de tren. Lo cual simboliza cómo se siente respecto a su entorno familiar.

Por otro lado, los otros personajes del sueño están resignados a esperar. La demora del tren representa que el soñador ha sido sumido en ese lugar emocional por mucho tiempo.

Al realizar asociaciones, el soñador logra interpretar que el accidente que ha causado la demora del tren se debe a un automóvil varado en las vías del tren; lo que, comparado con su vida familiar, representa que su vida se estancó cuando sus padres se separaron.

Al poner en claro cada uno de los elementos, el soñador podrá trabajar con sus sentimientos y seguir adelante. Cuando los sueños abren viejas heridas, el soñador está listo para cicatrizar o al menos para trabajar hacia su curación, si conscientemente lo quiere. Sin embargo, los sentimientos no cambiarán hasta que hayan sido aceptados y entendidos.

A continuación analizaremos otro sueño, referente a la vida externa, que hemos interpretado utilizando asociaciones.

Automóvil sin llaves

Subo por una gran pendiente, hasta la cima de una montaña y en la parte superior hay un automóvil deportivo convertible. Espero estar listo para manejarlo, después de una larga subida, pero las llaves no están.

En ocasiones, escalar una montaña es la metáfora de una tarea difícil o de un gran proyecto. Por lo general, cuanto más grande es la montaña y la escalada sea más complicada, más difícil es la tarea, En este caso, el camino empinado representa el trayecto del soñador a través de la universidad. El auto es un motivo externo que surgió cuando el soñador mencionó que su padre tenía un flamante automóvil deportivo, como el que aparece en el sueño. El soñador fue un alumno destacado en la escuela, pero, al final de su trayectoria académica, no fue reconocido, por lo que el sueño muestra que no hay recompensa.

Este sueño muestra un ejemplo ideal de cómo interpretar nuestros sueños, paso a paso, se describe la acción del sueño en su totalidad, se separan sus elementos y se crea un nuevo significado mediante asociaciones. Se analizan los símbolos como la montaña, el auto y las llaves desaparecidas. También se examina la reacción: el soñador visualiza el auto como si fuera de él. Su parte inconsciente sabe que el auto es suyo. Finalmente, observamos una resolución implícita: como no hay llaves para manejar el auto, el soñador necesita encontrar sus propias llaves.

Uno de los personajes implicados aunque no esté presente, es el padre del soñador. Éste juega un papel importante, aunque no aparezca de forma manifiesta en el sueño.

Cada parte del sueño transmite información importante, pero únicamente se puede hacer una interpretación cuando ponemos de nuevo los elementos en conjunto. El significado se encuentra observando todo: las partes implícitas y analizando cómo encaja todo.

Para profundizar más en este punto, vamos a ver dos sueños más con temas similares.

Estoy haciendo fila, en una ceremonia de graduación para recibir mi diploma. El estrado es realmente alto y tengo que subir una serie de escalones, con otros estudiantes para llegar hasta ahí. Desde la parte superior, veo a mi padre en la audiencia, pero no a mi madre.

La metáfora de subir escaleras para subir a un estrado es similar a la de escalar una montaña. El escenario de la ceremonia de graduación muestra que el sueño se refiere a la trayectoria académica del soñador. Para obtener lo que el soñador quiere, éste debe transitar por un camino, junto con otros graduados, los cuales tienen que dar muchos «pasos» para llegar a la cima y merecer el diploma.

¿Por qué el soñador eligió ese plan de estudios? Por la influencia de su padre, más que la de su madre, mostrando que él está presente en la ceremonia, pero ella no.

En el primer sueño él no está presente, pero está asociado con el auto deportivo.

El tema continua en el próximo sueño.

Es la mañana de Navidad, y mi familia está abriendo sus regalos en la sala. Cuando observo debajo del árbol, no veo ningún presente con mi nombre. Me pregunto si a mi mamá se le olvidó envolver el mío.

Un coche deportivo sin llaves y un árbol de navidad sin regalos son símbolos similares. Los regalos representan los beneficios que se esperan obtener después de la graduación de la carrera.

Sin embargo, el hecho de obtener un grado académico no significa que automáticamente se vaya a tener un buen trabajo.

En el primer sueño, el soñador destacó en la escuela e hizo todo lo que pudo para prepararse. Sin embargo, sus intereses personales tenían una relación más estrecha que con los de su madre, quien no está entre el público.

Hasta después de la graduación el soñador se da cuenta de que ha trabajado muy duro en una carrera que no quería. Lo que el soñador realmente quería hacer, es algo relacionado con su amor al arte y al diseño, trasmitido de su madre. Al reconocer los sentimientos planteados por el sueño original y pensando en las implicaciones de su interpretación, el soñador toma una resolución y busca otras opciones de estudio y trabajo que surgen de los intereses compartidos de su madre, mientras que continuará aplicando la ética de trabajo que aprendió de su padre. Ésta es la clave para empezar su propia carrera, éste es el regalo bajo el árbol.

Los elementos necesarios para decodificar un sueño, con frecuencia aparecen a simple vista.

Por ejemplo, cuando usted sueña que tres hombres de la mafia lo atrapan en un callejón oscuro, alegando que usted les debe dinero. El elemento de la mafia es relevante porque las bandas comúnmente están compuestas por «familias». Este tipo de sueños se pueden interpretar indagando los significados de las palabras. Por lo tanto, el sueño podría estar relacionado con una obligación familiar que se ha descuidado, simbolizada por una deuda y los sentimientos de culpa se manifiestan por los hombres de la mafia y el callejón oscuro.

Una vez que hemos visto la importancia de hacer asociaciones de los detalles en el sueño, veremos otros importantes factores:

- De manera general, los sentimientos son el significado central del sueño.

- El conflicto entre la mente y el corazón es uno de los temas subyacentes más comunes.

- Los sueños expresan lo que no se logró manifestar mientras se está despierto. Amplifican sus emociones.

- Los sueños exageran.

Procesando sentimientos

Los sentimientos son las raíces de casi todo, por lo menos en los sueños. Por lo que éstos le pueden ayudar a interpretar los sueños mejor que cualquier otra cosa. A veces, recuerdo un sueño y no tengo idea de lo que significa, pero sé cómo me sentí inmediatamente después de despertarme. Mediante la conexión de esos sentimientos con mi vida, tomé algunas resoluciones sin necesidad de interpretar los sueños completamente.

Si mientras usted está despierto no expresa o no reconoce sus sentimientos, es casi seguro que éstos aparecerán mientras duerme, y casi siempre en formas no reconocidas. Ser perseguido, por ejemplo, implica que se ignoran los sentimientos. Ese tipo de sueños son angustiantes y la única forma de resolverlos es afrontándolos, independientemente de lo que sea que lo atormente. Si aparecen personajes macabros o desfigurados es para representar algo no deseado, ignorado, dañino o sentimientos corrosivos que se van a los extremos para ser reconocidos y comprendidos por el soñador. Por otro lado, también aparecen en los sueños personajes aliados que traen con ellos sentimientos positivos, soluciones a ciertos problemas y las llaves para abrir las puertas interiores.

Aquí hay algunos ejemplos de sueños relacionados con los sentimientos:

- Los sueños relacionados con volar pueden expresar los sentimientos de una vida personal elevada.

- Los sueños de velocidad y emoción, como una montaña rusa pueden simbolizar sentimientos de placer como sexo o drogas.

- Los sueños que cuentan historias como las de algún automóvil fuera de control pueden relacionarse con sentirse sin sentido en la vida.

- Si sueña con tener las piernas pesadas o con incapacidad para moverse, puede indicar la sensación de estar atrapado en algún lugar o de tener algún impedimento en el progreso de su vida.

En el próximo sueño veremos los sentimientos en conflicto representados entre las dos partes del soñador.

Ron Jeremy intenta robar mi computadora

Un hombre desaliñado, que se parece a Ron Jeremy, vestido con pantalones vaqueros rasgados y una camisa hawaiana aparece en mi casa y dice que tiene que recoger «algo». Yo le pregunto qué cosa y él dice que mi computadora porque necesita un servicio. Le digo que no le he pedido a nadie que se lleve mi computadora nueva. Sin embargo, él responde que la misma computadora llamó para que alguien viniera por ella. Casi accedo a que se lleve la computadora, pero lo pienso mejor y le pregunto a la computadora, como si fuera inteligente, si necesita ser reparada y me dice que no.

Primero me pregunto qué podría estar pasando en la vida del soñador, como para que pueda soñar algo semejante. Alguien podría estar tratando de obtener algo de valor en él. El sueño podría tratarse de una situación externa. Sin embargo, éste no parece ser el caso por lo que ocurría en la vida interior del soñador.

El hecho de que en los sueños aparezcan personajes superficiales, como el famoso actor Ron Jeremy, casi siempre es para representare aspectos del soñador. Si una persona miente, roba, engaña o algo similar, en sueños se mostrarán personajes con esos mismos vicios. Incluso, los malos hábitos pueden ser simbolizados por personajes que actúen contra nosotros en los sueños o se presentan en situaciones conflictivas, que no podamos manejar.

La negación impide a las personas pensar que están cayendo en comportamientos destructivos, pero la mente al soñar es muy consciente.

Sin embargo, en este ejemplo, el soñador no se relaciona con el personaje de esa manera. El asunto principal de este sueño está en la computadora, ¿qué es los que ese objeto representa para el soñador? Hay dos posibilidades inmediatas y obvias: la primera es que una computadora es una herramienta de trabajo y la segunda es que es una fuente de entretenimiento. El soñador dijo que ambos temas habían estado en su mente.

En la vida real el soñador no está haciendo lo que realmente quiere de su vida profesional, su trabajo implica usar la computadora todo el día, pero él pasa gran parte del tiempo jugando videojuegos en su computadora.

Visto así, el personaje de Ron Jeremy representa cómo se percibe el soñador a sí mismo, como un flojo que prefiere jugar videojuegos en vez de trabajar. Muestra el lado del soñador que prefiere el ocio y «roba» tiempo al trabajo. Entonces el soñador se siente culpable porque elige jugar en lugar de trabajar. La resolución para este soñador es enfocarse y ser más consciente para encontrar equilibrio entre el trabajo y el ocio. De esa forma se modificará su relación con la computadora y quizá logre encontrar un trabajo que lo entusiasme y lo apasione.

Cuando un sueño se fragmenta y se analiza mediante las asociaciones con la vida externa o interna del soñador, el sueño empieza a ser claro. En este caso el conflicto es una batalla entre la mente y el corazón, uno de los asuntos latentes más comunes en los sueños.

En otro nivel, el soñador puede ver el conflicto entre lo que él hace para vivir y lo que él quiere hacer. Él puede permitirse un poco de holgura, un rato de ocio, en medida en la que haga algo valioso de su vida.

Los sueños tratan de resolver conflictos entre la mente y el corazón, como en este ejemplo, pero las pistas generalmente son sutiles.

Resolver conflictos entre la mente y el corazón

Cualquier conflicto que se presente en un sueño dice algo sobre el soñador y comúnmente se trata de batallas entre la mente y el corazón.

En el siguiente ejemplo esto es muy obvio.

Día de entrenamiento en un campamento militar

Otra vez me encuentro en un curso de entrenamiento de su-
pervivencia militar, el cual ya tomé el verano pasado. Enton-
ces, me despierto con alivio pensando que era sólo un sueño,
pero observo que sigo en el centro de formación, aún estoy so-
ñando pero no lo sé. Recuerdo que yo nunca quise tomar este
curso, pero ya está pagado, así que me siento obligado a estar
ahí y cuento los días para que se acabe. Sólo quiero irme, pero
no puedo.

La mente del soñador sabe que él tiene que tomar el entrenamiento porque ya está pagado, aunque su corazón le dice que
no quiere hacerlo. Su mente rechaza no asistir con el argumento del dinero que se ha gastado. Meses más tarde él sueña
que regresa al mismo entrenamiento, al lugar que teme y del
que no puede escapar; ¿por qué ocurre esto? porque volver al
mismo escenario le permite al soñador encontrar una mejor
solución para la próxima vez que esté en una situación similar.

Cualquier persona que esté obligada a hacer algo que realmente no quiere hacer, puede incurrir en lo mismo, si no aprende a escuchar a su corazón.

Los sueños tienen la función de facilitar la comunicación
entre la mente consciente y la mente inconsciente, así como
de ayudar a purificar aspectos mentales y corporales.

Tener un sueño dentro de un sueño es la forma en la que la
mente engaña al soñador.

El sueño dentro de un sueño es una forma inteligente de
mantener al soñador dormido y comprometido. También puede ser una manera de simbolizar que el soñador se siente atrapado en una situación de la que no puede escapar, ya que no

puede despertar del sueño.

Los sueños también pueden incorporar sonidos del mundo real, tales como la televisión o el ruido de un auto que circula rápidamente, el propósito fundamental de estos ruidos es mantener al soñador dormido o advertirle de un peligro.

Siga sus instintos

Cuando hay algo que usted realmente necesita hacer consciente pero no lo consigue, sus sueños encontrarán la manera de expresarlo, a menudo con imágenes vivas.

La mano robótica de Martin Luther King

Nos encontramos en el centro de la ciudad, en una América apocalíptica. Martin Luther King tiene una mano robótica y da un discurso ante una multitud, cerca de una fuente que mana agua limpia. Entonces, mi jefe sale y lee una ley que dice que a los negros no se les permite estar en la fuente. Martin Luther King agita a la multitud, con consignas como «ustedes no pueden beber agua aquí» y se aleja entristecido. Yo quiero gritarle algo a mi jefe sobre la justicia pero en vez de eso, sigo a Martin Luther King y lo encuentro en el jardín de mi casa. Estoy tan enojado que no puedo hablar y despierto sintiéndome muy molesto.

En las historias como *Frankenstein* o *El extraño caso del doctor Jekyll y Mr. Hyde*, los seres surgen de lo profundo de sus creadores. En este sueño, Martin Luther King existe para expresar todo lo que el soñador no puede decir sobre su situación de trabajo, como hablar sobre la verdad, la justicia y la igualdad de derechos.

La mano robótica simboliza la inmovilidad que el soñador siente respecto a su situación laboral: «necesito expresar que algo anda mal, pero estoy tan enojado que no puedo hablar», por lo que el sueño produce una situación sustituta con una mano robótica para expresar lo no dicho.

Cuando el jefe aparece y hace que la ley caiga sobre el soñador y su creación, pone de manifiesto una imagen intensa de su entorno laboral. Negar el agua que fluye de la fuente representa el trato que el gerente da al soñador, en comparación con la que se le otorga a los empleados preferidos, incluso muestra cómo el gerente discrimina: por decreto, por políticas de la empresa, representadas en la lectura de «una ley». El escenario apocalíptico, simboliza el daño que la situación laboral causa al soñador.

La multitud que aparece en el sueño simboliza a los compañeros de trabajo que están en la misma situación que el soñador. Al principio esta multitud escucha a Martin Luther King, cuando éste se pronuncia en contra de su entorno, pero después se vuelven en contra suya porque es negro.

El hecho de ser negro representa que se hacen ciertas distinciones con algunos empleados. El soñador considera que su jefe lo estuviera tratando en una forma desigual e injusta. Lo vincula al trato que recibe la gente negra, que es maltratada por su color de piel.

Sus sentimientos agitados invaden el lugar donde debería estar tranquilo: el jardín. En este caso, el jardín es simbólico y suele representar el sitio en el que una persona está libre de perturbaciones, puesto que es un lugar de relajación y contemplación, especialmente después de un pesado día de trabajo.

La invasión al jardín demuestra que la situación ha avanzado a tal grado que le ocasiona desequilibrios que están destruyéndolo, incluso en su vida personal.

Como la mayoría de los sueños, éste muestra un panorama de introspección del soñador, algo relacionado con los sentimientos que surgieron en los días previos al sueño. Muestra cómo se siente el soñador con respecto a lo que está pasando en su vida, y cómo le afecta. El tema del sueño está relacionado con la vida externa del soñador (con su trabajo), pero lo que el sueño muestra lo que esto le está causando a su vida interior.

En este caso, el sueño asocia ambas áreas, pero principal-

DESCUBRE Y VIVE TUS SUEÑOS

mente se enfoca en los sentimientos.

A continuación muestro otro sueño que ilustra claramente la vida interna del soñador y expresa sus sentimientos en conflicto.

Malas compañías

Yo voy con un amigo (alguien que no conozco en la vida real), a la tienda de videos para comprar un regalo de cumpleaños para mi mejor amigo (a quien le gustan las películas). Una chica desconocida y fastidiosa quiere unirse a nosotros, pero yo suelo ser muy amable como para decirle que no.

En otro sueño estoy con esos dos chicos y con otras diez personas, estamos atrapados en una habitación muy pequeña. La gente comienza a entrar en pánico. Miro a la chica molesta que se supone que es mi amiga. Sus ojos han desaparecido y hay sangre por todos lados. Nadie se da cuenta de eso más que yo. Más tarde la chica bebe champaña, pero la vomita. Todos voltean hacia ella y la golpean.

Debido a que el soñador no conoce en la vida real a esos chicos, este sueño probablemente trata sobre el «precio de la amistad» en general, y no sobre algunos amigos en particular. En la escena inicial, el soñador está comprando un regalo de cumpleaños para su mejor amigo, lo cual simboliza que las amistades conllevan algunas responsabilidades, beneficios y desventajas potenciales, de permitir que otra persona tenga acceso a su vida personal. El soñador permite a la chica desagradable unirse, lo cual hace referencia a situaciones sociales propias de la edad del soñador (que es adolescente) tratando de encajar en relaciones desagradable, y superficiales con la gente.

Ser demasiado bueno como para no poder decir que no a la chica desagradable, indica que el soñador no sabe cómo establecer límites con la gente, aunque esto le cause angustia.

En la vida real, el soñador tolera a la gente que está en su círculo social, a pesar de lo incómodo que pueda sentirse alrededor de algunos de ellos. El sueño demuestra sus sentimientos a través de la escena de estar encerrados en una habitación pequeña, ésta es una metáfora manifiesta de la sensación de claustrofobia, de estar atrapado en una situación.

El hecho de que la chica no tenga ojos, implica que el soñador no está viendo algo: no ha notado su falta de límites. Sólo el soñador se percata de eso, lo cual indica que su opinión no es compartida con sus amigos. La sangre muestra un conflicto interno. La champaña simboliza la amistad, el disfrutar de la compañía de otros, pero el hecho de vomitar muestra que hay algo en el soñador que no puede permanecer así durante más tiempo, porque no siente mucho placer por sus amistades.

Durante la interpretación, el soñador dijo ser una persona ordenada, que le gusta hacer las cosas de cierta manera y eso provoca fricción en sus relaciones. También mencionó que sus amigos no están tan interesados en serlo, por lo que considera que no tiene amigos verdaderos.

Al final del sueño, la chica desagradable es golpeada, lo cual implica que los sentimientos y las sensibilidades del soñador están siendo vulnerados por su círculo social, porque ella es demasiado amable como para poner límites y exigir que la gente respete su manera de hacer las cosas.

Las exageraciones en los sueños

En estos últimos ejemplos, los sueños exageran para enfatizar algo.

En el sueño denominado «Malas compañías», la sangre y los ojos desaparecidos son imágenes poderosas que pueden ser fácilmente mal interpretadas, si no son vistas como exageraciones. La sangre realmente no se ha derramado, pero es una forma en la que los sueños simbolizan un conflicto interno o heridas emocionales.

En el sueño «La mano robótica de Martin Luther King»

la civilización no está en un apocalipsis, pero la situación se exagera para indicar la forma en la que el soñador se siente, como dentro de una catástrofe.

En el sueño «Ron Jeremy intenta robar mi computadora» nadie está robando algo del soñador, pero es una forma exagerada de simbolizar los sentimientos del soñador, que considera que se está robando a sí mismo.

En « Día de entrenamiento en un campamento militar», el soñador ya no está en ese lugar, pero el sueño muestra el mismo escenario con el único propósito de aprender de él.

Con los consejos, conocimientos y métodos que he mostrado hasta ahora, usted puede interpretar la mayoría de los sueños. Ahora ya sabe lo básico, en las siguientes páginas profundizaremos en formas más avanzadas en la interpretación de los sueños.

El hilo conductor de los sueños

En la interpretación de un sueño, es necesario buscar «el hilo que teje la historia», esto es algo similar a la trama de una película o novela. En la película *Sexto sentido*, por ejemplo, el color rojo une todas las escenas e indica muerte. En el libro *Las aventuras de Huckleberry Finn* el hilo conductor es el río Misisipi, a través del cual se relacionan los grandes eventos.

Los hilos conductores de los sueños, que estamos a punto de analizar no son comunes, pero son una herramienta de un maestro de la narración: su mente inconsciente.

He aquí el ejemplo de un sueño que utiliza símbolos interconectados para formar una historia que expresa ideas completas. El soñador es un adolescente y sus hermanos, que son un par de años más jóvenes que él, también aparecen en el sueño.

Construyendo castillos de arena

Construyo castillos de arena en la playa con mi hermano y mi hermana. El día es hermoso y disfrutamos lo que hacemos. Entonces, observo detrás de nosotros y veo una ola gigante que crece por encima del océano hasta estrellarse contra la costa. Yo logro escapar, lo mismo ocurre con mi hermano quien salta con seguridad.

Cuando la ola se retira, descubro que mi hermana está perdida bajo la arena.

Excavo para encontrarla, pero nuestros padres me dicen que ya está perdida.

El hilo conductor de este sueño es la arena. En primer lugar, el soñador y sus hermanos erigen castillos. Edificar una casa, un edificio o un castillo es un símbolo de la construcción de una vida. Este soñador y sus hermanos están en el proceso de llegar a la edad adulta y madurar; pero aún están «jugando en la arena».

La otra parte del sueño en la que la hermana del soñador está «perdida bajo la arena» adquiere sentido si notamos que la arena constituye una metáfora sobre madurar. Analizando la situación, la ola inminente es el curso actual de la adolescencia. Los tres hermanos están encaminados en el mismo proceso de «construcción de castillos», es decir, se enfrentan a la misma ola de la pubertad que desbarata a la infancia, y el soñador considera que esta ola va a enterrar a su hermana.

Ambos chicos parecen estar preparados para enfrentarse a la ola y logran ponerse a salvo. Sin embargo, el soñador considera que su hermana no está preparada.

Es posible llegar a la fuente del problema por la actitud que toman sus padres. En el sueño, ellos le dicen al soñador que deje de buscarla porque ya está perdida.

El soñador quiere a su hermana y desea ayudarla, pero sus padres parecen haber renunciado (este podría ser el típico caso en el que los padres dicen: «tú nunca vas a llegar a nada»). Si ese es el caso, la chica realmente va a necesitar el apoyo de su hermano para «construir» su vida.

La arena es el hilo que vincula todo en el sueño, une las acciones con los símbolos: la playa es un escenario útil porque está relacionado con la arena, pero también porque demuestra que el soñador es cada vez más consciente a medida que madura. Su mundo se vuelve más complejo.

No es frecuente que en un sueño, donde se presenta un rito universal de transición como la adolescencia, un símbolo como la arena revele el significado.

Algunos sueños están muy fragmentados, por lo que no suele manifestarse claramente un hilo conductor, o simplemente no aparece. Sin embargo, en el transcurso de varios sueños, los hilos conductores pueden revelarse, incluso durante la misma noche o a lo largo de varios días.

Estar familiarizado con los personajes de su sueño, escenarios y símbolos, y llevar un detallado diario de los sueños, le ayudará a detectar los elementos recurrentes que conforman sus sueños.

Mis sueños suelen tener varios hilos conductores que se han repetido durante años y son fáciles de reconocer, porque me he esforzado por seguirlos y entenderlos.

El siguiente sueño, también tiene hilo conductor, trate de identificarlo mientras lee.

Un camión sobrecargado

Manejo un camión y me detengo para subir pasajeros, los cuales traen bolsas de comida rápida. El autobús se forza para moverse, al llevar más pasajeros. Más adelante, nuestro camino es bloqueado por un equipo de personas que dan mantenimiento a la carretera. La obstrucción está cerca de donde solía vivir cuando yo era niño. Cuando el autobús llega a la intersección, veo niños montando bicicleta, en la acera. Uno de los encargados del mantenimiento sostiene una señal de alto, se ve en forma y equilibrado, como mi hermano mayor. Él nos avisa que el camino ha sido repavimentado y que el autobús es muy pesado para pasar a través de él.

Los autobuses y otros vehículos de este tipo a veces simbolizan cuerpos pesados. Sin embargo, un autobús también puede simbolizar una tarea de grupo o algo en transición en la vida del soñador, como un nuevo trabajo o una relación.

El significado del sueño señala directamente al peso corporal del soñador, por la aparición de las bolsas de comida rápida y la acción de conducir un autobús sobrecargado. Algunos otros símbolos y acciones refuerzan esta interpretación: el camión se forza en la medida en la que suben más pasajeros; el impedimento para pasar a través de la intersección por el peso; la comparación con el hermano del soñador que está «en forma y equilibrado». También hay una señal de alto, la cual le sugiere al soñador que deje de comer tanta comida rápida.

El sueño proporciona aún más pistas. El lugar donde el autobús se detiene está en el antiguo vecindario del soñador. Los lugares en donde alguna vez vivió aparecen en los sueños para efectuar comparaciones entre el antes y el ahora, por lo que son útiles para conectar el pasado con el presente. Además, el pasado y el presente se vinculan cuando aparecen niños montando en la bicicleta, un ejercicio del que el soñador podría gozar, porque lo disfrutaba cuando era niño. La carretera recién pavimentada indica que una nueva vía se abrirá en su vida; pero para poder tomar ese camino, el soñador tiene que perder algo de peso.

El hilo conductor en este sueño es el autobús. Es un símbolo que une todos los elementos de la historia.

Antes de seguir adelante con cualquier interpretación de sueños. Es necesario considerar los posibles vínculos entre elementos del mundo real con los símbolos. De no hacerlo, usted podría ver un hilo conductor en una historia, aunque no lo haya.

Por ejemplo, la interpretación del sueño cambia si se tratara de alguien que conduce un autobús para ganarse la vida. Por esa razón esa posibilidad tiene que ser descartada antes de considerar otras interpretaciones.

Metáforas, el lenguaje de los sueños

Los sueños usan símbolos y metáforas para contar historias. Para nuestros propósitos, un símbolo es parte de la historia, mientras una metáfora es el significado de la historia.

En el sueño «Un camión sobrecargado» el autobús es un símbolo para el soñador y una metáfora para el sobrepeso. Mientras que en el sueño «La mano robótica de Martin Luther King» el personaje aparece para expresar las inconformidades del soñador y exigir igualdad de derechos; en este caso vemos una metáfora de la situación que el soñador vive en su trabajo, así como un símbolo de cómo se siente: discriminado.

Los sueños utilizan metáforas, lenguaje figurado, analogías y comparaciones, tanto en palabras como en imágenes.

Este es un sueño, muestra un ejemplo que combina el lenguaje de imágenes con una ingeniosa metáfora.

Le sirvo huevos fritos por un solo lado a mi mamá, a mi papá y a mi hermana.

A menudo los sueños están compuestos por escenas rápidas como ésta.

Por sí misma, la metáfora de servir los huevos tiene muchas interpretaciones posibles. Puede simbolizar la fertilidad. En las tradiciones orientales y judías el huevo simboliza el alma. Cualquier persona que haya visto la televisión en los años ochenta en Norteamérica, recordará un comercial sobre las drogas cuyo slogan era: «éste es tu cerebro con drogas», en la que se muestra un huevo frito en un pan. No obstante, un par de detalles de la vida del soñador demuestran lo que el huevo simboliza en este caso.

En primer lugar, el soñador nunca come huevos fritos por un sólo lado, por las bacterias que pueden quedar en una yema sin cocer. El sueño indica una discrepancia intencional con la realidad, por lo tanto no tiene nada que ver con el consumo de huevos.

En segundo lugar, el soñador desempeña un papel optimista en la familia; tiene una actitud alegre y oculta sus verdaderos sentimientos. El soñador nota la ironía en los huevos cocidos por un sólo lado porque él es el único que reconoce el lado oculto de su dinámica familiar. El soñador tolera los secretos y sabe que las disfunciones de su familia pueden esconderse detrás de lo que parece ser una vida normal.

En este caso, como en la mayoría de los sueños, la acción cuenta la historia y proporciona la definición del símbolo. Servir huevos fritos de un sólo lado, muestra la verdadera percepción del soñador acerca de la interacción con su familia. Si el soñador fuera pesimista, la interpretación del sueño podría dirigirse hacia otra dirección: algunas yemas podrían romperse.

Un punto importante es que un símbolo o metáfora que haya aparecido en el sueño de una persona, puede tener un significado completamente diferente cuando aparece en el sueño de alguien más.

La interpretación de los sueños requiere la contextualización de los símbolos o metáforas con la vida del soñador.

He aquí otro sueño con una metáfora.

Despertar de un coma

Estoy en estado de coma durante un año entero. Finalmente, despierto y regreso a mi vida diaria. Por alguna razón es muy divertido decirle a la gente que estoy vivo. Me entero de las conversaciones que mis amigos tenían sobre mí, cuando pensaban que estaba muerto.

La metáfora se encuentra en la primera frase: coma. Estar en coma implica estar «muerto para el mundo». Este sueño compara un coma con un malestar. El soñador no ha sido visto durante un año y recientemente «despertó» de lo que estaba matando su espíritu.

En la vida real, el soñador nunca estuvo en coma, pero el sueño exagera para señalar su situación personal. Su condición de vida se asemejaba a estar en coma, y al parecer las personas que lo conocían pensaban lo mismo, pues el soñador se enteró de eso a través de las conversaciones de Facebook, donde lo describen como muerto. ¡Es tiempo para vivir de nuevo!

Como referencia, otra forma en la que los sueños expresan la idea de estar muertos para el mundo es utilizando personajes como los muertos vivientes (zombis). Es un tema sorprendentemente frecuente y está relacionado con la vida en sociedad, aparentemente sin dirección, sin sentido, sintiéndose sin rumbo o viendo a la gente como una amenaza.

Las metáforas describen el panorama de un sueño, mientras los símbolos los completan. Algunos símbolos, como cruces o círculos, son fáciles de interpretar por medio de metáforas. Por ejemplo, un círculo es un símbolo de una persona completa, y los sueños donde aparecen círculos dicen algo sobre procesos que logran completarse.

Al mostrar al soñador caminando a través de una puerta que está en medio de un círculo, es una manera de simbolizar que está entrando en una nueva etapa, más llena de vida.

El siguiente fragmento de un sueño está cargado de metáforas que pueden tener distintas posibilidades de interpretación.

Limpio mis tenis.

Los zapatos se utilizan en muchos refranes o dichos populares como «Esos zapatos son demasiado grandes para llenarlos» o «Zapatero a tus zapatos».

En este caso el sueño se produjo antes del día de Acción de gracias, por lo que la limpieza de los zapatos probablemente significa prepararse para un evento próximo, lo cual va a requerir de mucha energía. El soñador puede estar inconscientemente preparado para el ajetreo del día de la fiesta. De una forma más literal, hay que considerar si correr es un hobby para el soñador, porque, en ese caso, limpiar sus tenis podría simbolizar que está listo para avanzar y comprometerse con una rutina más rigurosa.

Los sueños a menudo sirven para indicarnos algún tipo de preparación.

Aun así, hay más significados para los tenis, relacionados con correr, que implican irse de algún lugar por elección, huir, o perseguir un puesto, premio o título.

No estoy seguro de cómo interpretar este sueño específicamente, puesto que el soñador no proporcionó retroalimentación sobre su vida real, pero es un gran ejemplo de las muchas posibilidades que una metáfora puede tener.

La interpretación es un proceso de ensayo y error, que conlleva a proyectar gran cantidad de ideas y ver cuál acierta. En el sueño relacionado con los tenis, podríamos examinar cada símbolo y metáfora para los zapatos que se nos ocurra, o centrarme en la parte de limpieza, porque la acción de un sueño suele contar la historia.

Hágalo usted mismo

La mente soñadora habla por medio de imágenes y usa metáforas para comunicar ideas. Observe sus sueños de diferentes maneras, preguntándose si los puede describir con una metáfora. Vea el sueño desde la perspectiva de otros personajes que aparecen en él e intente describir la acción.

Considere el siguiente ejemplo ficticio y observe las metáforas y los símbolos:

Soy un carnero y estoy en una colina, en la parte más alta está otro carnero viejo y poderoso. No sé por qué, pero cerramos los ojos y corremos a toda velocidad uno hacia el otro. Yo lo golpeo tan fuerte que algunos dientes se me caen.

Inventé esta situación, basándome en varios sueños que he interpretado que utilizan imágenes similares. La acción que se representa es un «choque» y lo muestro como metáfora.

La colina simboliza autoridad y los carneros simbolizan al soñador y su padre. El soñador no sabe porque él y su padre cierran los ojos y se dan topes, no obstante, la competencia por la autoridad es más vieja que la civilización misma y está programada en nuestro cerebro. Cerrar los ojos desencadena el desafío. Los padres reconocen cuando sus hijos los desafían e instintivamente se preparan para un encuentro «frente a frente».

Así que los carneros chocan y el más joven pierde algunos dientes. Esto es una clara metáfora de que el soñador perdió la batalla contra su padre. Ser noqueado implica que el soñador está perdiendo reconocimiento o dignidad. Por otro lado, la frase «diente por diente» suele describir venganza y conflicto. Perder la batalla contra su padre hiere el orgullo del hijo, quien lo golpea, sacando lo peor de él, por lo que sueña que está perdiendo algunos dientes. Cuando el soñador está enojado y desafía a su padre puede decir cosas que después puede lamentar.

Perder un diente en este sueño podría significar que se han dicho palabras hirientes o sin pensarse.

Para llegar a una interpretación, usted puede centrarse en los símbolos y las metáforas, los cabezazos, la colina, perder un diente. Si usted es el soñador puede preguntarse si la acción del sueño puede relacionarse con algo reciente, como una batalla de voluntades con su padre, o un conflicto con otra figura de autoridad masculina. El significado puede verse a través de las metáforas y las acciones, ¿quién más tiene conflictos de autoridad como los padres y los hijos? En lugar de en un padre, podemos pensar en un profesor o un entrenador y de esa forma este sueño puede describir una variedad de situaciones con sólo un pequeño cambio en el escenario.

Diga las palabras en voz alta y escuche cuidadosamente

En la década de los setenta, la psicóloga Ann Faraday propuso que los sueños mostratan juegos de palabras apoyándose en cómo se oyen. La perspectiva de Faraday respecto a los sueños llegó a ser ampliamente conocida. Los significados de las palabras desempeñan diferentes funciones un sueño, muchas veces, basándose en cómo suenan, posteriormente esto fue denominado «sueño de Faraday».

Por ejemplo, un hombre sueña que, a petición de su esposa, trepa un árbol muy alto para recuperar un par de guantes.

El día anterior, a regañadientes, el soñador quitó la ropa de un armario debido a que su esposa le ofreció ayuda a una de sus amigas. Lo que lo hace sentirse irritado, es que su esposa quiere mandar en todo y él piensa que es mejor darle la razón que oponerse. Los guantes simbolizan el trabajo y hay un juego de palabras en «alto» y «alteza», lo cual expresa sus sentimientos acerca de cómo lo trata su esposa, como una reina lo haría con un sirviente.

Faraday da un ejemplo personal en su libro *The dream game*. Ella pasó el fin de semana con algunas personas y un invitado especial; esa noche soñó que el invitado iba vestido con un uniforme nazi. La misma noche, el invitado soñó al resto del grupo como participantes de una obra de teatro que él dirigía. Después, Faraday descubrió que el invitado había acudido a su invitación solamente para tener una cita con una chica, y de esa manera vengarse de otra mujer. En otras palabras, el encantador e inteligente invitado estaba «representando un papel», al igual que en su sueño donde se representaba una obra teatral.

Ann Faraday soñó al invitado vestido como nazi, lo cual fue una manera exagerada para mostrar su verdadera naturaleza como persona que no tiene consideración con los demás. Su sueño logró captar algo oculto y lo hizo evidente.

Una vez que apliquemos una búsqueda de juegos de palabras, algunos sueños que alguna vez parecieron incomprensibles en su significado, resultan obvios.

Todo el mundo tiene sueños que manipulan el lenguaje para darle un significado implícito. Considero que las partes de la mente que generan el lenguaje y las que generan los sueños están estrechamente relacionadas.

Los sueños a veces son muy difíciles de entender. El soñador no tiene ninguna asociación, nada de su vida reciente se puede comparar con el sueño, nada aparece en las metáforas o en los juegos de palabras. Algunos sueños son visualizaciones de procesos mentales o físicos y no tienen un significado más amplio. No obstante, en mi experiencia, la mayoría de los sueños, especialmente los más memorables son significativos para la vida del soñador, y existe una técnica para interpretarlos cuando todo lo demás falla.

Toda vez que usted utilice todos los recursos que hemos visto para interpretar los sueños podrá lograr desentrañar su significado. Éste es un último recurso para la interpretación:

Describa las partes del rompecabezas de su sueño y hable desde su perspectiva, si se trata de un personaje, escenario o símbolo. El siguiente ejemplo está tomado y adaptado de Ann Faraday.

Una mujer adulta sueña con un escenario desconcertante: un campo abierto donde sólo aparece un montón de tierra y hierba. Mira hacia abajo y nota que sus jeans necesitan ser reparados. A la mañana siguiente, piensa en los acontecimientos ocurridos de hace uno o dos días y no encuentra nada en su memoria relacionado con campos o jeans. Ella considera las posibles interpretaciones para los símbolos de campo y de jeans, pero nada resulta. Después revisa sus jeans para ver si tienen agujeros y no hay ninguno.

Comience por preguntarse: ¿yo soy un campo abierto?, ¿algo del sueño me simboliza?

Empiece hablando en primera persona: «Soy un campo abierto y estoy en el sueño porque…»

Si usted es una mujer adulta con un esposo y sin hijos, la frase anterior podría terminar así: «…estoy en espera de ser fertilizada».

Ahora usted puede trabajar con una asociación acerca del embarazo o formar una familia.

Por otro lado, puede hacer la afirmación: «Soy un par de jeans en mi sueño, y voy a necesitar reparación, porque…»

Quizá esta parte del sueño tiene que ver con que el soñador repele los cambios que le ocurrirán a su cuerpo con el embarazo, lo cual se manifiesta con un temor de no caber en sus jeans. Sin embargo, esta asociación no resuena en ella.

Pero justo antes de quedarse dormida, la soñadora recordó el antecedente de una enfermedad familiar, por lo que rechazó anticipadamente la idea de quedar embarazada, porque tiene miedo de trasmitir genes perjudiciales a su descendencia. Los jeans simbolizan los genes que tienen que ser reparados. El sueño muestra el miedo inconsciente de transmitir una enfermedad genética.

Una vez que ella conoce sus miedos, logra despejar su camino y sentirse confiada para quedar embarazada.

Faraday refiere que, poco después de la interpretación, la soñadora quedó embarazada.

Consejo

La terapia Gestalt considera que todo en un sueño son símbolos con los cuales el soñador puede interactuar conscientemente, mediante el uso de las técnicas terapéuticas. Si usted está interesado en aprender más acerca de la interpretación de los sueños usando la terapia Gestalt, puede consultar libros de Ann Faraday y de Fritz Perls, el fundador de la terapia Gestalt.

A pesar de todas las herramientas de interpretación que le he mostrado hasta ahora, hay sueños que se resisten a todos los intentos de obtener un significado. El próximo sueño fue uno de esos casos; me abrió los ojos a una nueva forma de entender cómo y por qué los sueños encuentran maneras inteligentes de contar sus historias.

Un niño pervertido me acosa

Hay un pequeño de cuatro o cinco años de edad que me persigue todo el día, puedo verlo y escucharlo. Su cara es borrosa, pero veo sus ojos enormes de color naranja. Camino hacia mi clase y él «flota» a mi lado, y me dice cosas desagradables acerca de las personas que pasan en la acera, como: «Ese tipo es gay y quiere tener sexo contigo». Luego, estoy con mi novia y mi padre, entonces el niño dice muy sigilosamente que mi padre quiere golpear a mi novia.

Más tarde estoy en mi habitación y escucho a mi prima en la habitación contigua (en la vida real ella vive con mi familia), y el niño me dice que ella está consumiendo drogas y teniendo relaciones con un tipo, me sugiere vaya y tenga relaciones con ella también. Cada vez que habla, insiste y no se calla hasta que lo miro.

A primera vista, este sueño parece decir que el soñador ha reprimido o manifestado algo que le ocurrió cuando era un niño. Sospecho que el soñador tiene pensamientos similares a los de las voces del niño que aparece en sus sueños, quizá alguna parte de su sombra emerge, incluso esas voces pueden ser resultado de ver demasiada televisión.

Los sueños suelen tomar pequeños pensamientos y exagerarlos como para hacer que el soñador esté consciente del peligro, al permitir que un pensamiento se arraigue.

Pero en este caso, la interpretación no es correcta porque el soñador no puede asociar nada con cualquier cosa de su vida real. No fue acosado cuando era niño, no tiene fantasías ocultas con su prima. Así que le pido analizar el día previo a su sueño y relacionarlo con el niño.

El soñador recuerda que había estado estudiando la perversión infantil en su clase de psicología y sus compañeros compartieron algunas impactantes historias personales. Ahora, el sueño comienza a tener sentido. En éste, el soñador vive un día ordinario, lo cual incluye ir a clase. Este es un claro indicio, por lo que considero lo que el soñador estudia y logra que el sueño sea ilustrado maravillosamente.

El sueño representa lo que el soñador aprende de la clase y de las historias de sus compañeros, y lo hace real de una manera inolvidable, crea una representación gráfica de la perversión infantil.

He interpretado sueños en los que aparecen simulaciones como una forma de hacer que los temas sean menos abstractos y más concretos, pero nunca había interpretado un sueño así.

Una cosa es aprender sobre la perversión infantil estudiándola y otra es tener un niño pervertido siguiéndote todo el día y haciendo observaciones repugnantes.

El hecho de que el personaje del sueño repita las cosas hasta que el soñador lo mire, sucede debido a que el soñador está «repasando» el tema de la perversión infantil en su vida. Es una forma de decir: «¿Ve usted de lo que estoy hablando?»

Los grandes ojos anaranjados del niño son un misterio. Mi conjetura es que, debido a que el sueño está relacionado con la perversión infantil y a la sexualidad insana, el color anaranjado es una manera de mostrar aspectos sexuales, por lo que los ojos son un indicio de esto. Los comentarios del niño son sexuales y despectivos, y el abuso sexual es un factor importante en la perversión infantil.

He estado enfatizando en que los sueños tienen significado, pero algunas veces son sólo visualizaciones de un proceso interno y los sueños no tienen mayor significado que eso. No quiero decir que esos sueños no tengan sentido, sino que usted debe aprender a notar cuando se presenta algo significativo o cuando no hay mucho que interpretar. El siguiente sueño ilustra lo que quiero decir.

El pez se alimenta en mi rodilla

Me encuentro a un gran pez con dientes que me dice que necesita comer el café que se ha acumulado en mi rodilla. Estoy de acuerdo y no siento dolor mientras me muerde y se alimenta. Cuando termina, me lanzo hacia la piscina con otros peces de colores brillantes y el pez enorme se come a algunos de ellos.

El pez comiendo café es una gran analogía para los anticuerpos que limpian los desechos, ya que los peces nadan en el agua y los anticuerpos en el torrente sanguíneo. El soñador recuerda que ha estado escuchando un sonido curioso en su rodilla, parecido a los granos de café en molienda. El pez con su gran dentadura es la solución ya que simboliza los anticuerpos que viajan por el torrente sanguíneo y limpian los residuos. Los anticuerpos identifican y neutralizan bacterias, virus o parásitos, y esto está simbolizado con el pez atacando a otros peces. Lo que hacen los anticuerpos es reparar el cuerpo del soñador mientras duerme. Yo interpreté el sueño de esta manera, en vez de usar al pez o las rodillas como símbolos, tampoco tomé en cuenta lo que puede significar la acción de morder, porque el soñador está de acuerdo y deja que el pez se alimente de él sin experimentar dolor. Esto me dice que, desde su inconsciente, sabe que es a acción es beneficiosa para él.

Consejo

Si ya ha probado las técnicas y recomendaciones que hemos dado en este libro y, a pesar de ellos, el significado de sus sueños aún no está claro, recuerde el sueño, justo antes de volver a dormirse y trate de aclarar sus dudas. Su mente inconsciente quiere que usted sepa el significado de los sueños, por lo que enviará una aclaración en un sueño nuevo. Recuerde que en todos los sueños aparecerán respuestas simbólicas en lugar de respuestas literales.

Hágalo usted mismo

Preste atención a sus hábitos al hablar. Anote las metáforas y las figuras del lenguaje que utiliza o escucha mucho y compárelas con las de sus sueños de esta noche o los más recientes.

Incluso, la próxima vez que sus sueños le hablen con un lenguaje figurado puede ser que reconozca metáforas y figuras retóricas de inmediato, con lo que el significado de su sueño será más obvio.

Pesadillas y sueños recurrentes

Una premisa básica de este libro nos indica que los sueños son intrínsecamente beneficiosos, entonces, ¿por qué se tienen pesadillas?, ¿por qué le asusta presenciar su propia muerte o la de un ser querido?, ¿cuál es la razón por la que se reproducen en sus sueños las escenas más dolorosas y traumáticas de su vida?, ¿por qué es perseguido por algo siniestro? Porque todo eso es necesario para la motivación, la curación o para tener una perspectiva diferente de algunos hechos.

Los entrenadores inteligentes saben cómo presionar a sus jugadores y obtener su mejor rendimiento, por lo que consideran el sueño como un motivador. Si no quiere enfrentar sus propias batallas, los sueños lo llevarán a hacerlo. Enfrente sus miedos mientras esté despierto o enfréntese a ellos cuando aparezcan como monstruos en sus pesadillas.

Las pesadillas tienen un potencial para estimularlo, pero generalmente aparecen en sus sueños como último recurso, después de que fallan sugerencias más suaves.

Para sanar, las pesadillas son una oportunidad de jugar de nuevo y procesar las malas experiencias y hacer que todo fluya mejor. Por ejemplo, es un signo de avance cuando alguien que fue agredido insulta al despertar a su agresor. Las piezas atrapadas en el pasado son atraídas al presente, trayendo energía y entusiasmo. Los traumas crean depósitos de energía negativa que se almacenan en el cuerpo y en la mente, por lo que los sueños cumplen una función de auto-regulación que tratan de liberarlo. Las pesadillas son una forma dramática de soltar lo negativo.

Para ponerlo en perspectiva, las pesadillas muestran lo que está fuera de equilibrio en una persona. La exageración de una pesadilla es en realidad un intento de equilibrio, representado gráficamente. Una buena ficción usa el mismo método para crear una historia memorable. Tomemos por ejemplo, el cuento de Flannery O´Connor, "Everything that rises must converge", éste se sitúa en el sur, durante la época de la segregación racial. En un autobús al que sólo se les permitía subir a los negros, sube una madre blanca y su hijo. La mujer, criada para ser racista, está llena de autocomplacencia con base en sus percepciones de superioridad racial, mientras su hijo representa los cambios en las actitudes raciales. Como símbolo de su propia importancia, la madre lleva un llamativo sombrero muy elaborado. Sin embargo, alguien más se sube al autobús, usando el mismo sombrero, sólo que se trata de una madre negra con su hijo negro. Ambas llevan justo el mismo sombrero. La yuxtaposición hace que la sátira sea perversa. Para la madre blanca esto es un desfile para sus ojos.

Piense en el sombrero como una pesadilla: es una exageración del miedo, un símbolo del ego elevado o la ignorancia voluntaria, la dolorosa realización de actitudes o creencias negativas.

La psique está balanceada y si el ego se dirige hacia un extremo, la mente inconsciente seguro irá en la dirección opuesta.

Miedo exagerado

Aquí tenemos una pesadilla que se va a un extremo, porque el soñador va a otro. Utiliza la exageración para transmitir su mensaje y se repite varias veces.

Perseguido por un dinosaurio

Soy perseguido por un dinosaurio. Puedo evitar atraer su atención, pero mis amigos no reconocen el peligro y hacen

ruido. Me meto en el espacio más pequeño que puedo en-
contrar y espero que el dinosaurio no se dé cuenta, ya que
está olfateando cerca de donde estoy.

El soñador es un adolescente, probablemente está en último
grado. Para interpretar este sueño comienzo preguntándome
qué es lo que simboliza al dinosaurio, ¿hay un depredador
en la vida real del soñador? Éste puede ser cualquier persona mayor, figura de autoridad o los llamados «fósiles» (no
importa, si el soñador conoce o usa esta expresión, pero está
consciente de ella).

Pensando en el dinosaurio como un símbolo de una figura mayor o de autoridad, el resto del sueño tiene sentido.
Los mayores se entrometen en la vida de los adolescentes que
están bajo su cargo.

El dinosaurio también podría ser un símbolo de un depredador emocional con personalidad patológica: un personaje
sin remordimientos, sin pensamientos y que se preocupa únicamente por su propia sobrevivencia. Pero eso no es lo que
demuestran las acciones del dinosaurio en el sueño: el dinosaurio sólo olfatea por ahí, sin embargo, la reacción del soñador
es lo más revelador. La figura de autoridad puede ser uno de
sus abuelos, un maestro, un entrenador o su padre.

Las pesadillas como éstas son a veces las proyecciones
de los temores del soñador, lo cual vemos en la reacción del
soñador para esconderse, pues teme algo, probablemente escrutinio. Esto se revela en la reacción del soñador que busca
atraer la menor atención posible sobre sí mismo, escondién-
dose en el espacio más pequeño que puede encontrar. Puedo
imaginar que sus amigos algunas veces dicen cosas que levan-
tan sospechas y eso se ilustra en el sueño, porque ellos hacen
ruidos para atraer al dinosaurio.

Lo siguiente que el soñador comenta es que podría estar
bajo la sospecha de consumir mariguana, porque los ojos de
un amigo suyo siempre están rojos y no importa que el amigo

haya estado nadando, el dinosaurio mayor desconfía de todo el mundo, especialmente de los adolescentes.

El soñador nunca respondió si mi interpretación fue acertada, por lo que no sé a ciencia cierta lo que el dinosaurio representa en su vida, pero es claro que mostraba un miedo. Otras posibilidades incluyen alguna fobia, un recuerdo doloroso o una parte olvidada de sí mismo que lo acecha en su sueño.

Consejo

Algunas pesadillas son causadas por mala dieta o indigestión. Comer alimentos saludables y evitar la comida condimentada, pesada o dulce, al menos dos horas antes de dormir, en ocasiones, evita las pesadillas.

Desastre o apocalipsis

Otro tema popular de las pesadillas es el desastre o apocalipsis, y casi siempre representa un desastre personal. A fines del 2011 en un foro de debate, pregunté por qué cada vez más personas están soñando con el apocalipsis, indagando si se predicen más acontecimientos desastrosos, pero uno de los asistentes señaló algo obvio: más personas han estado experimentando el apocalipsis en sus vidas, desde la crisis financiera del 2008, porque han perdido sus hogares y puestos de trabajo. Por supuesto, esto aparece simbólicamente en sueños. El próximo ejemplo es un sueño bastante típico de un apocalipsis personal.

Volcán en erupción

Estoy en una gran ciudad y un volcán hace erupción en las inmediaciones, devastando todo. Veo lava corriendo en las calles y a las personas atrapadas, muriendo.

Más tarde, la escena cambia y la ciudad está inundada con agua de mar, y la gente vuelve a ponerse de pie.

No hay mejor metáfora para representar una ira explosiva que un volcán, y si éste está en erupción muestra lo que pasa cuando la ira estalla, lo que implica una crisis. Cuando la ira está contenida y de repente estalla, tiene como consecuencia un derramamiento como la inundación del sueño.

Simbólicamente, todas las compuertas se abren y lo suprimido brota causando devastación en la vida del soñador, representada por la ciudad en ruinas. Pero el temperamento se enfría, un patrón clásico en personas con ira explosiva.

En mi experiencia, los sueños son propensos a predecir hacia dónde se dirige, y para describir dónde ha estado el soñador.

Las pesadillas muy intensas golpean el corazón y aceleran la mente. Existe el sentimiento de que su vida pende de un hilo, en peligro, sin rumbo, en una película de horror. Usted se despierta sorprendido, nervioso, llorando.

Yo solía tener sueños aterradores en los que caía, y despertaba justo antes de chocar contra el suelo. Una noche me desplomé y sentí, desde el primer momento, un fuerte impacto. Me desperté adolorido y mallugado. Fue buena señal: finalmente había «tocado fondo», y empezó a cambiar mi vida.

Una de las pesadillas más terribles puede involucrar la muerte de un pariente. En el ejemplo siguiente, el soñador lo describe como la peor pesadilla que ha tenido.

Mamá se suicida durante el apocalipsis

Afuera de mi casa está ocurriendo el apocalipsis. El planeta está a punto de ser destruido por un meteorito. Mamá y yo nos ocultamos en el sótano. Subo a la superficie para revisar algo y cuando regreso mi madre está ahorcándose. ¡Es horrible!

Trato de encontrar ayuda, pero la gente que encuentro no quiere involucrarse. Cuando regreso al sótano ella está con vida y me explica que nunca quiso morir.

Creemos que el meteorito está a punto de caer, pero realmente se trata de un ataque de extraterrestres que quieren tomar el control de la Tierra. El planeta se vuelve rojo como Marte.

De repente estoy en un pueblo rodeado por cadáveres, son personas que no sobrevivieron. Soy afortunado al no ser uno de ellos. Tengo hambre, así que, destrozo para entrar a la tienda y robo algo de comida y dinero, entonces compro algunos dulces. El hombre que los vende es ambicioso y actúa como si lo único que le importara fuera el dinero.

El mayor temor del soñador es perder a sus padres, por lo que de inmediato veo ese miedo simbolizado en su madre que está a punto de ahorcarse. Esto, incluso, es mucho más difícil.

El apocalipsis que ocurre afuera de su casa implica un brusco y terrible cambio en su vida.

El soñador me ha comentado que la relación con su madre es buena, por lo que no considera que su relación esté amenazada, sin embargo, sí hay una amenaza potencial, algo que uno de los dos sabe, y que el otro ignora.

El escenario del sótano indica que este sueño viene del intestino, donde las ansiedades y miedos pueden manifestarse. «El sótano» también puede implicar sentimientos o percepciones que vienen fuera de la mente. Ver a su mamá ahorcada puede implicar que el soñador cree que su madre es suicida. A veces, los sueños pueden advertirnos sobre los seres queridos que contemplan el suicidio como una opción pero, en este caso, el suicidio es un símbolo de algo que ocurre en su cabeza. La muerte puede representar cualquier cosa como una «conmoción» de los sentimientos o pensamientos.

Su madre dice que ella nunca quiso morir, lo que demuestra que su madre no es la fuente de amenaza para su relación.

La amenaza primero es representada como el ataque de un meteorito, después resulta que los extraterrestres quieren apoderarse del planeta. Esto es lo que define al sueño, los extraterrestres son algo externo o extraño que representan que algo se ha apoderado de la vida del soñador. Eso modifica su vida normal, lo que se manifiesta en una transición repentina de la ciudad, en una condición rudimentaria. Esto causa un gran conflicto interno, como se observa con los cadáveres amontonados.

El planeta Marte puede tener relación con la agresión, porque dicho planeta está asociado con la guerra, el hecho de que la Tierra se vuelva roja es otra razón para pensar que la ira o agresión del soñador está involucrada en la situación descrita por el sueño. Puede ser una advertencia de que en el camino donde el soñador se encuentra, haya un caos sangriento.

El final del sueño es un prodigio: después de iniciarse el apocalipsis, ¿cuál fue su reacción? El soñador está hambriento, pero no de comida, porque si así fuera, él hubiera estado satisfecho con haber robado comida de la tienda. Pero no. El soñador compró dulces, lo cual indica un vicio, probablemente consumo de drogas. Los dulces de los adultos son costosos y comprarlos involucra a alguien que sólo quiere tu dinero. El hombre ambicioso al final del sueño es una proyección de uno de los aspectos del soñador. La amenaza simbolizada por el meteorito, los alienígenas y las personas que no quisieron ayudarlo cuando su madre se ahorcaba, derivan de la relación que el soñador tiene con las drogas.

No estaba seguro sobre la interpretación, pero llegué a ella mientras leía otro sueño del mismo soñador, en el que compraba fruta ilegal a unos mexicanos en el desierto. Para mí, eso significa comprar drogas, probablemente mariguana, porque, el estereotipo de vender algo en el desierto, se relaciona con los negocios de drogas.

La siguiente pesadilla es también inolvidable:

> *El sueño es una pantalla dividida. En la pantalla izquierda estoy atado a una silla en medio de una carretera, hay oscuridad en todas las direcciones. Inmediatamente alrededor de mí hay edificios incendiándose, oxidados y deteriorados. En las calles hay cuerpos desmembrados, brazos, piernas, y vísceras.*

> *En la pantalla derecha estoy en una fiesta formal, socializando y bebiendo con compañeros.*

> *Soy viejo y sé que mi futuro en la pantalla derecha es responsable por todo lo que me pasa en la pantalla izquierda.*

Este sueño está hablando acerca de una doble vida. Los símbolos de este sueño son muy claros. La pantalla izquierda muestra una parte de la vida del soñador que está en llamas. La sangre derramada y la destrucción son exageradas, pero constituyen representaciones propias de una vida que está cayendo dramáticamente. Sin embargo, el soñador es un ambicioso social, y esa multitud no tiene ni idea de lo que está pasando en la otra parte de su vida. Lo que los demás ven es un hombre atractivo y superficial con el que se reúnen en ciertas ocasiones, el hombre que se encuentra en el lado derecho de la pantalla parece tenerlo todo. Él es responsable de la destrucción de la persona que aparece en el lado izquierdo y sostiene esa existencia dual intencionalmente.

La escena representada en ese sueño es similar a la de la película *La Naranja Mecánica*, en la que el personaje principal está atado a una silla y es forzado a confrontar una incómoda verdad. Al aceptar las verdades expuestas por el sueño, el soñador conjunta ambos lados de su vida y los convierte en uno solo.

El hombre de la derecha se muestra como una versión anterior del soñador, lo cual parece insinuar que la escena es una predicción, un vistazo de hacia donde el soñador se dirige.

Las pesadillas sobre la actualidad / El mundo exterior

Mientras la mayor parte de las pesadillas describen una experiencia personal, algunas describen situaciones de grupo. Los eventos de la primavera árabe del 2011 y las protestas de Wall Street en ese mismo otoño, provocaron un número considerable de sueños que llamaron mi atención.

No hay que perderse en demasiadas implicaciones, los sueños también pueden ilustrar sus reacciones y sentimientos acerca de los acontecimientos externos y, a veces, incluso predecirlos. En el siguiente sueño veo conexiones con los acontecimientos de la época, pero el soñador lo interpreta como una advertencia sobre lo que teme que podría suceder.

> *Soy parte de un grupo que vigila a unos gigantes cubiertos de manchas negras de antimateria, como el humo. Una vez que se activan, la única esperanza para sobrevivir es escapar, porque los gigantes destrozan y comen gente. Hay tensión porque algunos miembros no toman la amenaza seriamente. Aunque los gigantes se mueven lento, aun así su acción es devastadora e inevitable. Estoy asustado y no quiero nada de esto; pero no creo que pueda escapar.*

Al inicio, relaciono este sueño con los encuentros que la gente tiene con situaciones peligrosas, pero me enfoco a los gigantes y lo que representan para el soñador. Hay fuerzas en el mundo que destrozan y comen gente. Algunos ambientes de trabajo pueden describirse como molinos de carne, con jefes inhumanos que hacen de la vida un infierno para todos los que están bajo su autoridad. También relaciono a los gigantes con las fuerzas intangibles de Wall Street y el capitalismo que destroza vidas.

Lo que el soñador ve en los gigantes son los centros financieros y el poder militar detrás de las instituciones como Wall Street. El soñador considera que el derramamiento de sangre es una gota en un mar, comparándolo con lo que sucedería si los poderosos verdaderamente revelaran sus intereses. Aunque el soñador está preparado, simbolizado en el sueño por estar en un equipo de observadores, su visión no siempre es tomada seriamente, eso se representa por la disidencia en el equipo de observación. Incluso podría indicar la disidencia dentro de sí mismo ante el peligro presentado por esas fuerzas intangibles.

Las pesadillas generalmente disminuyen en frecuencia según nuestra edad, las cosas que los niños temen comúnmente son mejor comprendidas por los adultos. Los monstruos no viven en el clóset. Nada está esperando debajo de la cama para atacar cuando usted se queda dormido.

Si «debajo de la cama» representa el subconsciente e ir a dormir es el momento en el que se baja la guardia, tal vez algo está a la espera de que llegue una pesadilla.

También los adultos tienen su parte de miedos, heridas y terrores. A medida que éstos se enfrentan, las heridas pueden sanar, los terrores se quedarán atrás y las pesadillas desaparecerán por sí solas. Enfrentar lo que lo atormenta lo dejará dormir tranquilo y no tendrá el poder de interrumpir sus sueños.

Consejo

Acepte sus pesadillas como oportunidades de crecimiento personal, no huya de ellas.

Sueños recurrentes, ¿por qué los tenemos?, ¿cómo interpretarlos?

Los sueños pueden contarnos la misma historia miles de veces. Cuando nosotros percibimos que la historia se cuenta de la misma manera, una y otra vez, estamos ante un sueño recurrente. Estos sueños a menudo se presentan con coacción. Los soñadores preguntan, ¿por qué se repiten? Porque el sueño está haciendo que el soñador focalice algo que no está comprendiendo, o muestran una condición o evento que ocurre constantemente en su vida cotidiana y se ha convertido en algo crónico. Un sueño recurrente implica que un mensaje importante y sensible al mismo tiempo está intentando manifestarse.

Los sueños recurrentes pueden aparecer a lo largo de pocos meses o durar varias noches seguidas hasta que usted permanezca atrapado en el mismo escenario, hasta que tome la decisión correcta o hasta que el inconsciente utilice otras tácticas para atrapar su atención, por ejemplo, utilizando pesadillas.

En general, mientras más recurrente y repetitivo sea el sueño, más urgente es el mensaje y se repetirá hasta que el mensaje sea recibido.

Algunos de los sueños que ya hemos analizado son recurrentes, como el sueño «Perseguido por un dinosaurio» que se repite porque el soñador constantemente es observado por el «dinosaurio» y no cambia ninguno de sus sentimientos al respecto.

He aquí otro ejemplo de sueño recurrente.

Últimamente, todas las noches he tenido el mismo sueño: mi anillo de bodas es demasiado grande y se desliza por mi dedo. Me despierto preocupado, sin importar la hora que sea.

El anillo puede ser un símbolo para el matrimonio o cualquier gran compromiso y todo lo que eso conlleva. En este caso, el anillo de bodas es muy grande y se resbala, lo cual es una metáfora para indicar que el matrimonio o un compromiso es demasiado grande para el soñador. Eso es un hecho difícil de admitir, pero si se toma en cuenta puede dar lugar a una separación o ruptura.

La solución en este sueño está implícita, hay una evidente necesidad de hacer algo al respecto, como reconocer algunos de sus sentimientos. El soñador ha hecho caso omiso de otros sueños que le advierten algo sobre su matrimonio, que manifiestan que se trata de algo muy grande para él, por lo que sus sueños se han vuelto recurrentes.

Una vez que ha reconocido sus sentimientos, ha trabajado con ellos y ha decidido que hará lo que sea para salvar su matrimonio, tiene otro sueño:

> *Sueño otra vez que mi anillo de bodas es muy grande; así que, para su custodia, decido guardarlo en una caja adornada, bajo mi almohada mientras voy al gimnasio y desarrollo músculos, con lo cual también aumentará el volumen de mis dedos.*

Los sueños recurrentes progresan una vez que el soñador recibe el mensaje. Lo que sucede después, es una buena señal para el matrimonio: él guarda el anillo para su custodia, lo cual simboliza que cuidará de su matrimonio. Guardar el anillo bajo su almohada significa que el aún «sueña» con un matrimonio exitoso, ya que la almohada es un lugar en el que el soñador descansa su mente mientras duerme.

El gimnasio es un lugar para la superación personal, aún en la vida real porque sirve para mejorar su condición física y aliviar el estrés, aunque también puede ser el símbolo de otro tipo de progreso, como adquirir disciplina, hacer actividades de forma constante para llevar una mejor relación. El carácter y la mente pueden ser ejercitados y perfeccionados igual que el cuerpo. La reacción del soñador muestra que está dispuesto a hacer un esfuerzo para salvar su matrimonio.

Ahora consideremos qué ocurriría si el soñador hubiera tenido otra reacción ante el problema del anillo de bodas y decidiera cambiar su anillo; ¿qué diría eso acerca de él?, probablemente indicaría que el soñador prefiere cambiar su relación en lugar de crecer en ella.

A continuación veremos otro ejemplo de sueño recurrente:

> *Mi departamento está lleno de personas que están conviviendo, festejando y charlando. La pequeña sala está repleta de extraños. No deseo que estén aquí, pero no quiero*

causar una escena si les pido que se vayan. ¿Por qué tengo
ese sueño noche tras noche?

El soñador es un hombre de unos treinta años, socialmente
activo, que con frecuencia recibe gente en su departamento. Él
disfruta de ser el centro de actividad social, pero en el fondo
sabe que conservar ese círculo de amigos y conocidos lo aleja
de tener un espacio privado; lo cual está expresado en el sueño
por el sentimiento de querer que la gente se vaya.

La sala llena de gente es un símbolo de su situación de
vida, que está invadida por muchas personas. En el sueño,
él no quiere decirles que se vayan, lo cual implica que tiene
miedo a restringir su vida social porque representa soledad.

Ahora mostramos cómo este sueño recurrente ha evolucio-
nado, una vez que el conflicto ha sido reconocido y resuelto:

Regreso a mi departamento y unos oficiales de policía sacan
a la multitud de gente que está de fiesta en mi casa. La po-
licía es amigable al momento de hacer su trabajo.

Cuando algunos se van me doy cuenta de los tatuajes y
del cabello revuelto de las personas que salen de mi apar-
tamento.

Ambos sueños invitan al soñador a estar en una situación menos concurrida para sí mismo, sin llegar a ser ermitaño. El soñador siempre podrá convivir con sus amigos en un bar o en
otro escenario social, pero necesita un entorno familiar para
sí mismo. La negatividad de estar con una multitud está simbolizada por el cabello despeinado y los tatuajes de la gente
que se va de la casa. La situación mejora cuando les impide el
acceso a su espacio vital.

Una vez que el soñador presta atención a su necesidad
de espacio, una parte poderosa de su psique, simbolizada por
la policía, está preparada para sacar a los invasores de la casa.

Edgar Cayce, un psíquico e intérprete de sueños, se hizo famoso durante la primera mitad del siglo XX con su concepto del «superconsciente», similar a lo que Sigmund Freud llamaba el «superego». Cayce explicó que existe un aspecto de nuestras mentes muy centrado en lo correcto y lo incorrecto. Algunas personas son muy minuciosas en esos aspectos, como los fundamentalistas religiosos, pero también hay otros que los niegan o esconden. El superconsciente existe para crear un balance con el resto de la mente. Cuando se le otorga esa capacidad, el superconsciente reacciona a las restricciones que se impone una persona a sí misma, cuando se frenan los impulsos o si se tienen malos hábitos.

En el sueño que acabamos de ver, la policía es una manifestación del superconsciente que viene en ayuda del soñador. El dicho popular «ayúdate que yo te ayudaré» habla de esta relación entre la acción y la ayuda. Ayúdese a sí mismo haciendo lo correcto para usted, de esta forma el superconsciente será capaz de contribuir a su causa y ayudarlo a llegar a las mejores decisiones. Los sueños son indicadores de que está listo para actuar, valore los consejos que le ofrece su interior.

Esta ayuda es otra razón por la cual es importante entender los sueños.

Si en el ejemplo anterior el soñador no hubiera enfrentado sus sentimientos en conflicto, éstos se volverían crónicos y permanecerían limitando su espacio de vida. El sueño original no se habría resuelto. La policía no lo ayudaría limpiar su espacio interno, si el soñador no los invita.

Hágalo usted mismo

Si usted tiene sueños recurrentes, busque situaciones constantes o crónicas, especialmente las que le causan ansiedad, estrés o miedo. La única manera de resolver los sueños recurrentes es abordar la situación de fondo, y si no puede cambiarla, encuentre la forma de estar en paz con ella. También puede experimentar sueños recurrentes agradables, pero los sueños que causan angustia son los que requieren atención inmediata y no tienen que ser interpretados antes de tomar una decisión o de actuar.

Si usted está preocupado por las pesadillas recurrentes o sueños desagradables y no puede entender de lo que hablan, trabaje examinando su vida desde el pasado. Usted determinará si algo está fuera de control y necesita ser abordado, además usted puede saber qué cosas son exageraciones, sentimientos, miedos o ansiedades. Mediante los sueños usted será capaz de ayudar a la mente inconsciente a trabajar esos ámbitos, para resolver la cuestión de fondo.

Cómo saber si una interpretación es objetiva

Sólo usted puede saber lo que sus sueños indican, por lo tanto usted sabrá cuando una interpretación es verdadera.

Con todas las posibilidades en que pueden presentarse sueños, llegar a una interpretación puede ser enloquecedoramente difícil. Los sueños tienen diferentes significados según diversos ámbitos de la vida. Para los racionalistas, que consideran las cosas concretas, la interpretación de los sueños resulta contraria a la forma en que sus mentes funcionan. Las interpretaciones no satisfacen las exigencias de una ciencia sólida, pero son efectivas siempre y cuando el soñador considere que esa interpretación es la correcta.

Utilizo tres criterios principales para determinar si la interpretación es efectiva:

- Es coherente con nuestros sentimientos.
- Es consistente con otros sueños.
- Se manifiesta su veracidad por medio de una experiencia subsecuente.

Cuando alguien ha estado trabajando arduamente para interpretar un sueño y éste, de repente, adquiere sentido, implica que, inconscientemente, usted ya sabe todo lo que pasa en un sueño, porque usted es el autor de la historia y el material se extrae de su vida. Entonces si su mente fabrica cosas que aparentemente no tienen sentido, inconscientemente usted sabe lo que éstas significan. El trabajo de un intérprete de sueños entonces será decirle lo que ya sabe a través de explorar varias posibilidades, hasta que algo concuerde y el soñador esté seguro de que esa interpretación es coherente con sus sentimientos.

La segunda manera de verificar un sueño es recurrir a la ciencia básica; si tiene datos para comparar el sueño, hágalo. En este sentido, también su diario es su base de datos. Después de un tiempo, se dará cuenta de que es poco probable que los patrones se reconozcan por sí solos en la memoria; se necesita material como un catálogo de los sueños.

Algunas veces, la interpretación de los sueños puede ser verificada si se compara con otros sueños. Puede ser que todos los sueños estén conectados para contar una historia, aunque no parezca estar relacionada. Para una mirada a profundidad de este tipo de sueños consulte «Esclava de la mafia» (pág. 254).

Un patrón repetitivo en mis sueños involucra a una pareja de esposos que conozco desde la Universidad. Ellos aparecen en mis sueños y tomamos unos tragos para convivir y relajarnos, porque eso es lo que disfrutamos, es la actividad central en nuestra relación. A pesar de que no los he visto en años, siguen apareciendo en mis sueños cuando el tema involucra ese pasatiempo.

Del mismo modo, usted puede realizar interpretaciones aunque no sean consistentes con otros sueños. Si en varias ocasiones usted sueña con ir a Paris, probablemente no tiene que ver con la necesidad de unas vacaciones, sino más bien con actividades intelectuales o románticas.

Con frecuencia, una correcta interpretación se puede constatar a través de experiencias subsecuentes. Por ejemplo, si un sueño advierte no continuar con una relación romántica con una determinada persona en particular, pero el soñador sigue en ella de todos modos, es muy probable que en el corto o mediano plazo el soñador se arrepienta de ignorar la advertencia.

Podría apostar que los sueños siempre son adecuados; no recuerdo a nadie que haya seguido el consejo de un sueño y éste haya resultado ser erróneo. Usted sabe que la interpretación es correcta cuando sirve a su propósito: mejorará su vida.

Los sueños han sido utilizados para predecir eventos futuros, ya sea mediante la proyección de patrones recurrentes o por que se anticipan a los hechos. La mayoría de las veces los sueños que manifiestan aspectos del futuro resultan ser una coincidencia, pero en algunos casos hay sueños precisos hasta el último detalle, de manera que no puede ser coincidencia. Ésta es la mejor manera de verificar un sueño. Vamos a entrar en más detalles sobre este tema más adelante.

Hágalo usted mismo

Vamos a interpretar uno de sus sueños, usando el proceso que hemos visto hasta ahora. Elija un sueño de su diario, de preferencia uno que recuerde a detalle y separe cada uno de sus elementos.

- Símbolos
- Escenarios
- Personajes

Ahora analice la historia dividiéndola en estos componentes:

- Acción
- Reacción
- Resolución

Observe cada elemento. Reflexione sobre lo que describe y con qué aspecto de su realidad puede ser comparado.

Considere qué es más probable que ese sueño describa, su vida interna o externa. Si los personajes y escenarios concuerdan con un evento o situación reciente, es más probable que el sueño sea acerca de su vida exterior. Si no encuentra ninguna conexión, es más probable que el sueño, sea acerca de su vida interior.

Por otro lado, si en los sueños aparecen tanto elementos de la realidad como desconocidos, entonces el sueño implica acontecimientos y situaciones que experimentó en la vida real y sus pensamientos y sentimientos sobre ello. A continuación, fije su atención en la acción, pues ésta cuenta la historia y es un indicador confiable, especialmente cuando usted hace algo fuera de lo normal. Después, analice su reacción, ésta le dice cómo respondería usted en ciertas circunstancias o cómo desearía haber respondido. Posteriormente, examine la resolución que tomó al respecto del conflicto que se muestra en el sueño; en este aspecto es donde tiene más probabilidades de encontrar respuestas y sugerencias. La resolución puede ser simbólica o podría estar claramente expresada en el sueño.

Haga asociaciones, cuando se trate de sueños relacionados con su vida exterior, haga comparaciones con la gente y situaciones de su vida real. En el caso de los sueños relacionados con su vida interior, busque vínculos con usted mismo y sus sentimientos. Pero recuerde que no siempre hay una clara división entre lo externo y lo interno, por lo que puede hacer asociaciones libremente. Esto es su principal herramienta para interpretar sus sueños.

Descifre los símbolos. Pregúntese a sí mismo cómo los símbolos permiten contar la historia o cómo conectan los elementos. No olvide que casi todo en los sueños es simbólico, y la forma en la que generalmente se expresa el significado es a través de la acción. Trabaje con símbolos, escenarios y personajes cuestionándose qué le recuerdan, dónde los ha visto y qué significan para usted.

Busque las metáforas, los hilos conductores de la historia y los juegos de palabras.

Si el significado del sueño no se revela de esta manera, vaya más allá trabajando desde el punto de vista de cada uno de los elementos del sueño que lo desconciertan.

Sea paciente. Los sueños no siempre son descifrables de inmediato, pero la persistencia da sus frutos. Su esfuerzo para recordar e interpretar sus sueños será recompensado con una mejor comprensión de sí mismo y de su mundo, todo lo cual, sin duda, lo hará sentirse satisfecho.

Hago énfasis en el esfuerzo porque hay que aprender a recordar, interpretar y tomar decisiones con respecto a sus sueños, lo cual requiere de tiempo y energía, hasta que este esfuerzo sea algo natural. Usted es Alicia persiguiendo al conejo para descubrir su propio País de las maravillas.

Cualquier esfuerzo que haga al trabajar con sus sueños vale la pena a largo plazo; es un maratón, no una carrera.

Ahora que ya sabe lo suficiente como para recordar e interpretar sus sueños, está listo para el tercer paso. Vivir sus sueños es, después de todo, la razón para recordar e interpretar los sueños.

Vive tus sueños

Más que un cliché, la frase «vivir tus sueños» encierra la búsqueda de una vida plena. Como ha podido apreciar a lo largo de este libro, los sueños presentan todo tipo de información útil acerca de usted y su vida. Entonces puede utilizarlos como herramientas para «hacer realidad sus sueños».

Recuerde los cuatro puntos clave:

- Recuerde e interprete sus sueños.
- Reconozca su importancia.
- Tome su consejo e importancia.
- Trabaje con sus sueños conscientemente durante el día.

Entre más trabaje con sus sueños más sólida será la conexión entre la mente consciente e inconsciente, con lo que será más fácil recordar e interpretar los sueños. Viva sus sueños, incorporándolos a la vida diaria, no los limite a sus horas de sueño.

Los sueños son el mejor asesor porque conocen sus procesos internos y externos, están ahí en los buenos y malos momentos y saben lo que realmente quiere y cómo lograrlo.

Sueñe a dónde desea ir y quién desea ser, y permanezca en ese camino mientras despierta.

En un sentido más amplio, los sueños son como preceptores de la vida, porque nos comparten sabiduría, nos ayudan a destruir falsas ilusiones y exponen lo que está oculto.

No hay excusas, sólo se necesita una mirada imparcial a su vida y el deseo de mejorarla. Cuando usted profundiza en sus percepciones, los patrones son más fáciles de identificar y las soluciones a cualquier conflicto se encuentran más fácilmente.

Más allá de apoyar en el desarrollo personal, los sueños lo ayudarán a encontrar los que realmente usted quiere.

Los sueños identifican el camino que lo lleva a la plenitud, salud y felicidad, porque esto se ve desde la perspectiva de la mente inconsciente. Ellos pueden crear una visión y prepararlo para el futuro, ayudándolo en sus esfuerzos y creaciones.

A continuación le ofrecemos una breve lista de algunas de las grandes creaciones y descubrimientos que surgieron a partir de los sueños:

- Dmitri Mendeléiev concibió la tabla periódica a través de un sueño.

- Paul McCartney ideó la melodía de "Yesterday" en un sueño.

- *Frankestein* de Mary Shelley fue creado a partir de sus sueños.

- Robert Louis Stevenson había estado soñando con la escalofriante trama de *El Extraño caso del Dr. Jekyll y Mr. Hyde*, una de las más famosos historias de terror de todos los tiempos.

- Stephen King regularmente rescata fragmentos de sus sueños para sus libros, y señala que la premisa de su novela *Misery* proviene de un sueño.

- Un sueño mostró a Jack Nicklaus cómo corregir el problema en su golpe de golf, abriendo el camino para que él rompiera un récord en el campo de golf.

- La teoría de la relatividad de Einstein fue inspirada en una serie de sueños.

- El Doctor Frederick Bating descubrió la insulina después de soñar con varios experimentos para curar la diabetes.

- El químico August Kekulé tuvo un sueño en el que era picado por una serpiente, lo cual, junto con otros sueños, le reveló la estructura química del benceno.
- Las pinturas surrealistas de Salvador Dalí se inspiraron en los sueños.

- Las películas *Inception* de Christopher Nolan, *Blue velvet* de David Lynch, y *Eyes wide shut* de Stanley Kubrick (basado en la novela *Relato soñado* de Arthur Schnitzler) fueron inspiradas por los sueños.

- Aníbal Barca, considerado como uno de los más grandes estrategas militares de la Historia, utilizó estrategias de sus sueños para derrotar a los romanos.

Estos sueños hicieron historia. Aunque la mayoría de los sueños que los seres humanos tenemos son triviales, sin embargo, un sueño realmente importante puede determinar el rumbo de su vida. Igual de importantes suelen ser los sueños que transcurren a través de aspectos de la actualidad, porque conducen a una mejor comprensión de uno mismo. Una gran cantidad de pequeños sueños precede un cambio de vida. Lo que se percibe como pequeños pasos puede conducir a grandes transformaciones y avances.

Escuchamos hablar de los famosos ejemplos de libros, invenciones, descubrimientos científicos, o las obras de arte inspiradas en sueños, pero a diario, las personas resuelven problemas,

J.M. DeBORD

responden preguntas, abordan temas y toman nuevas oportunidades con la ayuda de sus sueños.

Observé un estupendo ejemplo de esto en diciembre 2010, cuando estaba viendo un popular partido de futbol en un bar repleto de aficionados que animaban a sus equipos. Ahí conocí la historia del dueño del restaurante, el cual narró a un periodista que la inspiración para abrir su negocio provino de un sueño. El propietario se despertó a las 3:00 de la mañana con el concepto, el nombre y el logo en mente, poco después emprendió una carrera como restaurantero. Esto resultó ser una gran decisión para él, su familia y la comunidad.

Algunas veces los sueños son muy literales, como en este caso. Otras ocasiones no son muy claros. Cada día, alguien, en algún lugar, despierta con una inspiración que cambia su vida o, de alguna manera, el mundo.

Conozco a un inventor que tiene docenas de patentes de diversas creaciones que se inspiraron en sueños. Los músicos escriben canciones, los pintores ven sus próximas pinturas; los publicistas visualizan sus campañas, los programadores de cómputo elaboran nuevos sistemas informáticos, los carpinteros diseñan nuevas creaciones.

Los sueños pueden decirle qué casa comprar, qué carrera elegir, con qué persona entablar amistad, con quién casarse.

Si Abraham Lincoln hubiera hecho caso de la advertencia que recibió en su sueño, podría haber evitado su asesinato.

Daremos un ejemplo: un gerente de negocios sueña que entra en la oficina y encuentra a sus empleados jugando a las sillas con música. En vez de enojarse porque ellos no están trabajando, el soñador dirige el juego y lo disfruta. Al día siguiente se encuentra inspirado para hacer cambios en los puestos laborales.

Un especialista en tecnología de la información, que también enseña yoga, sueña que en su patio trasero organiza una sesión de yoga al aire libre donde recibirá a un grupo de discípulos. La idea le parece algo que le gustaría hacer. El soñador ha mantenido su práctica de yoga separada de su vida personal, debido a que su trabajo es muy diferente. En este sentido el yoga ocupa el «patio trasero» de su vida, por lo que el sueño le indica que ponga más atención y esfuerzo al yoga. A la mañana siguiente, el soñador lleva un libro de yoga a su trabajo y lo coloca sobre su escritorio, donde sus compañeros de trabajo lo puedan ver, ésta es la forma que el soñador encuentra para llevar la práctica de yoga más allá del patio.

La mayoría de los sueños tratan de resolver los problemas relacionados con el trabajo, o de encontrar soluciones a problemas en general. La mente, siempre que sueña, está observando y pormenorizando, y puede hacer conexiones entre la mente consciente e inconsciente.

El siguiente sueño es un gran ejemplo.

Siguiendo direcciones en un mapa

Mi viejo amigo Gary, del posgrado, está en el asiento del copiloto en mi auto, dándome indicaciones sobre un mapa que está sosteniendo. No estoy seguro de a dónde vamos, pero tengo la sensación de que es un sitio importante.

A diez años de haber cursado el posgrado, el soñador se preguntó por qué un antiguo compañero de escuela se presentaba en su sueño, si no había tenido una relación cercana a él, pero eran buenos colegas. Para comenzar a entender el sueño, observamos su vida actual, para ver a dónde está tratando de llegar, porque los símbolos de ir leyendo un mapa o manejar, con frecuencia indican dirigirse a algún lugar en la vida.

El soñador había estado planteándose el proyecto de escribir un libro, pero estaba teniendo problemas que confundían su mente, puesto que tenía muchas ideas, muchos objetivos y se sintió abrumado. Su colega Gary le había enseñado, durante la escuela, cómo organizar grandes proyectos de escritura, haciendo una lista de temas y subtemas en tarjetas y después

ponerlos en el orden deseado. El copiloto que propone la dirección en el mapa simboliza dar su consejo mostrándole al
soñador por dónde ir. El soñador necesita que le recuerden
que ya tiene la habilidad para organizar y escribir su libro.

Consejo

Nada bueno viene de conocer del significado de un sueño, a
menos que usted lo utilice para mejorarse a sí mismo, ayude
a alguien o haga cualquier cambio.

Los sueños como un oráculo

Los sueños obtienen información del entorno como una antena que recibe las señales.

Esta información puede venir de la vibra agresiva de un competidor o de un compañero de clase, o puede ser la vibra amorosa de un amante potencial, el cual usted ha olvidado durante el día. Podrían ser los pensamientos o los sentimientos relacionados con alguien, sin importar cuánto tiempo ha pasado desde que han estado en contacto; en el momento que suena el teléfono, usted sabe quién es porque la noche anterior soñó con esa llamada.

He aquí un ejemplo en el que el sueño funciona como un oráculo y predice lo que sucederá.

El soñador que está en la universidad, pide dinero a su madre para un viaje con sus amigos y ella se niega. Entonces, esa noche él tiene un sueño:

Dinero para un viaje escolar

Mi madre entra en mi habitación y me da sesenta dólares. Me dice que cuarenta son para la alimentación y veinte para la gasolina.

El soñador dijo que a la mañana siguiente su madre cambió de parecer, entró en su habitación y le dio sesenta dólares, diciéndole que cuarenta dólares eran para la comida y veinte dólares eran para la gasolina, igual que en el sueño. Me imagino que también le pidió que fuera con cuidado y regresara en perfecto estado o ella se sentiría culpable por cubrir los gastos del viaje.

Podría ser una coincidencia, pero los ejemplos de sueños que funcionan como un oráculo son innumerables, y lo que sucede no es casualidad.

Mientras usted duerme, con los sentidos físicos desconectados y la mente consciente apagada, el inconsciente manipula aquello que está perdido o no se ha resuelto durante el día. Por lo tanto, soñar puede producir todo tipo de beneficios, como confrontar conflictos, incluso ayuda a evitar desastres.

Éste es un excelente ejemplo de un desastre evitado a través de un sueño preventivo:

La pastilla blanca

Estoy en la sala y me doy cuenta de que una pastilla pequeña está sobre la alfombra debajo del sillón. Creo que podría ser peligrosa para mi bebé, por eso la recojo.

A la mañana siguiente, el soñador buscó debajo del sofá y encontró una pastilla que pudo haber matado a su bebé en caso de ingestión.

En una discusión sobre sueños, alguien mencionó el aparatoso accidente de Dale Earnhardt en una carrera de Nascar, que ocurrió meses después de que el corredor lo soñara tal y como sucedió.

Es de suponer que el sueño era una advertencia, el nivel de alerta del soñador puede salvarlo de ser lastimado. El sueño de la pastilla bajo el sofá puede explicar que la madre vio la píldora un día antes, pero estaba demasiado distraída para notarlo conscientemente. El sueño de Earnhardt no puede utilizarse como prueba de que algunos sueños pueda predecir el futuro, pero es ejemplar.

Los sueños pueden ser proféticos, ya que pueden pronosticar situaciones y eventos que pueden suceder en la vida del soñador, debido a que los sueños son buena fuente para identificar patrones y establecer hacia dónde se dirige. En ese sentido, los sueños son menos proféticos y más sabios. Sin embargo, algunos eventos transcurren exactamente como en los sueños, o no transcurren porque la persona fue advertida y previno el suceso.

En un sueño que se le advierte sobre el peligro, un chico vio un auto deportivo azul incorporarse a la autopista y acelerar imprudentemente en el tráfico, lo cual casi causa un accidente. En la vida real, cuando el soñador vio al auto desaceleró, y los conductores que venían atrás bajaron la velocidad también con lo que se evitó un accidente.

Otro sueño le dio una advertencia a un hombre de un accidente en las cercanías de la montaña. Una semana después, un grupo de personas que estaban en un campamento en las montañas le pidieron que condujera para comprar cervezas. El auto era la misma camioneta que apareció en sus sueños, la dueña de la camioneta era la misma chica que él soñó; entonces el soñador recordó el sueño y decidió no conducir, lo que enfureció a la chica y a los campistas sedientos, pero probablemente salvó sus vidas.

Nunca sabremos a ciencia cierta, si debido a este sueño se evitó un accidente, pero usted puede descubrir por sí mismo que los sueños pueden predecir situaciones futuras, echando un vistazo al fenómeno, que es ampliamente conocido en el círculo de estudios de los sueños.

Lleve un diario, haga un seguimiento de sus sueños, y le apuesto que también va a experimentar una situación en la que los sueños le den aviso de lo que viene en el futuro.

En la actualidad, en algunas tribus, la gente cree que el futuro es creado por los sueños. Por lo tanto, lo que la gente de la comunidad sueña se comparte con los demás e influye en sus medios de vida y dependen de ellos. Así que en cierto modo, la creencia de que los sueños crean el futuro es una profecía auto-realizadora.

Si yo sueño algo esta noche y actúo conforme a eso mañana, he creado el futuro a través de mis sueños.

Algunos lectores de mentalidad científica, consideran que soñar con el futuro no implica más que una coincidencia o el cumplimiento de un deseo, consideran que sólo los pueblos primitivos prestan demasiada importancia a la actividad cerebral durante el sueño.

Es cierto que es necesario clasificar y almacenar los recuerdos, ya que algunos sueños no son dignos de recordar, porque no hay nada que interpretar y son remanentes de las actividades diarias o resultado de alguna enfermedad, trastorno o simplemente una mala digestión. Pero el hecho de que algunos sueños no tengan significado, no implica que todos sean irrelevantes.

Sin embargo, hay conexiones claras estudiadas por psicoanalistas entre los sueños y sus soñadores, los sueños contienen capas de significado que ayudan a las personas a entender mejor sus vidas.

La oposición en contra del significado de los sueños, se reduce a prejuicios: algunas personas niegan cualquier trascendencia e importancia, porque no ven sus propios significados. O se resisten a considerar aspectos interiores o emocionales.

A los escépticos les diría que la física cuántica nos ha mostrado cómo, a través de la observación inteligente, podemos percibir aspectos y posibilidades de nuestra realidad tan pequeños como las partículas de energía. Estos aspectos sólo pueden ser notados cuando los observamos minuciosamente.

En los sueños se muestran nuestros aspectos y nuestras posibilidades. Nosotros los observamos y determinamos el futuro, decidiendo lo que será. Esta es una cuestión que no se puede probar científicamente, pero yo la he experimentado por mí mismo muchas veces.

DÉJÀ REVÉ Y *DÉJÀ VU*

Déjà revé significa «ya soñado», es un concepto similar al *Déjà vu*, y ocurre cuando un sueño es recordado, debido a su similitud con la vida real, activando la memoria en ello. Un lugar jamás visitado, de repente parece familiar porque usted ha estado ahí antes, en un sueño. O puede tratarse de un escenario familiar, una cierta combinación de personas, o una acción en particular que activa la memoria. De cualquier manera, usted sabe que está viviendo un momento que usted soñó primero.

Incluso he soñado con lo que la gente me dice en conversaciones futuras y en cómo debo responderles. Es una experiencia común, pero la mayoría de la gente no recuerda sus sueños lo suficientemente bien como para saber que han soñado con el futuro.

El *Déjà vu* es un fenómeno similar ligado a la habilidad de la mente de predecir el futuro o prever posibilidades.

En un caso muy poderoso, un chico soñó a su madre, que había fallecido dos años antes, en un balcón de un departamento desconocido que él estaba limpiando. Al verla en el sueño, el soñador despertó llorando. Meses después, viajó a París a la boda de su hermano. Cuando llegó a la casa de su hermano se dio cuenta que era idéntica al departamento de su sueño, por lo que salió al balcón y se dio cuenta de que era el mismo en el que su madre apareció durante su sueño.

Esta acción de limpiar el departamento es un símbolo de depurar los conflictos entre él y su familia, después de la muerte de su madre. Para el bien de ella, él debe lograr la paz. Ponga mucha atención en los momentos de *Déjà revé* o *Déjà vu*. Aunque parezca una situación muy cotidiana, el momento es oportuno para muchas posibilidades. Sea más cuidadoso con lo que está sintiendo y las decisiones que está tomando.

Hágalo usted mismo

Piense en los momentos en los que sus sueños le han mostrado posibilidades para el futuro. ¿Recuerda cuándo ha tenido una experiencia *Déjà revé* o *Déjà vu*? Escriba los detalles en su diario. Ese seguimiento puede llevarlo a un mejor reconocimiento de lo que sus sueños le dicen, y mejorar su capacidad de utilizar esa información de manera constructiva. También, le indican a su mente inconsciente que haga el esfuerzo para conducirlo a más oportunidades, para dar forma a su futuro a través de sus sueños.

USAR LOS SUEÑOS PARA CRECER

En cada sueño significativo está el crecimiento personal. Basta con prestarle atención al proceso de integración de las experiencias del subconsciente y la creación de escenarios para su desarrollo personal.

Como hemos dicho, sus sueños le dan pistas sobre el significado de los escenarios, personajes, símbolos, acciones, reacciones, y especialmente resoluciones.

La resolución de un sueño a menudo se presenta por medio de sugerencias o se revelan nuevas perspectivas. Primero busque la resolución de un sueño, después encontrará diferentes maneras de lograr sus sueños en la vida diaria.

Todos los días trate de vivir sus sueños de manera significativa. Usted puede recordar un sueño y recrearlo de nuevo en su mente. Rememore los sueños recientes, antes de irse a dormir. Al pensar en los sueños como parte de su rutina regular, usted abre más conexiones entre las partes conscientes e inconscientes de la mente, y la información sobresaldrá e influirá más fácilmente.

Usted descubrirá que no necesita tener sueños dramáticos o pesadillas para obtener un mensaje concreto. También reconocerá mejor los momentos de la vida cotidiana que aparecieron por primera vez en sus sueños.

Cuando usted está en sintonía y prestando mucha atención, puede ver que su futuro es un hecho cotidiano. Irónicamente, los sueños muestran momentos en su futuro que no parecen ser significativos. Desde la perspectiva de los sueños, los acontecimientos externos de su vida son menos importantes que los internos.

Sus sueños le proporcionan imágenes o motivos que pueden ser parte de usted o su entorno. Un sueño especialmente intenso y poderoso que tuve hace mucho tiempo, era el de hacerme el tatuaje de un lobo en el hombro izquierdo. A la mañana siguiente, cuando desperté sentía mi hombro adolorido, como si en realidad me hubiera hecho un tatuaje. Ese sueño me abrió los ojos para ver al lobo como una parte viva de mí. Estudié a los lobos y encontré maneras de relacionarme con ellos, incluso años después, todavía recuerdo el sueño como si acabara de suceder. He trabajado para fortalecer los vínculos entre mi persona y el lobo, y mi vida se enriqueció identificándose con eso.

Una mujer soñó con una rana con las entrañas por fuera. Sabiendo que las ranas pueden ser símbolo de la naturaleza interior de una persona, pensé que era prudente que el soñador se identificara con la rana, por lo que le recomendé que comprara una figurita o algo que le hiciera recordarla. Al dirigir su energía y atención a la imagen de la rana, el soñador se encargó del cuidado y la protección de su lado tímido y sensible.

Usted podría pagar miles de dólares a un psiquiatra, para lograr el mismo objetivo mediante otras técnicas, pero sus sueños le proporcionan todo lo necesario para hacerlo usted mismo.

Otra persona quería saber por qué soñaba con una chica de la universidad. En el sueño, ellos paseaban, platicaban y la pasaban bien juntos. A pesar de que no sucedió nada sexual, él sentía que había química entre los dos en el sueño. El soñador dijo que ya había visto antes a la chica y pensó que era atractiva, pero cuando llegó el verano terminó la escuela y cada uno se fue a su casa. El sueño indicaba que por lo menos podrían ser buenos amigos. Él dijo que la situación le recordaba a su relación pasada, la cual terminó porque su novia se volvió muy dependiente. Le señalé que se sintió atraído por la chica de su sueño, porque le recordó a su ex novia, y la facilidad de interacción que hubo entre ambos en el sueño parecía indicar que la nueva chica no era dependiente.

Pero, en pocas palabras, el hecho de que alguien aparezca en sus sueños no es un signo de atracción o química natural. Las personas que usted conoce en la vida real pueden aparecer en sus sueños por muchas razones.

Para llegar a la conclusión del sueño que acabo de relatar, tomé en cuenta la asociación que el soñador hizo con su ex novia. Tuve la sensación de que podría estar haciendo un análisis de su entorno para buscar una novia y su sueño le hace una indicación basada en lo que sabe o supone de una chica. Sin embargo, debido a que no había nada sexual o romántico, el sueño podría haber señalado un paso en la dirección correcta, probablemente lo ideal es ser sólo amigo de la chica y evitar el romance, al menos inicialmente, para que el soñador adquiera las habilidades que se necesitan en una relación. De cualquier manera, yo aconsejaría que buscara entablar una amistad con ella.

Consejo

Si usted tiene algo en mente, pregunte a sus sueños para que le envíen la respuesta. Algunas personas escriben su pregunta o petición en un pedazo de papel y duermen con ella debajo de la cama. Haga una sola pregunta cada vez.

Hay varias formas creativas en las que usted puede trabajar con sus sueños en su vida diaria. No obstante, yo lo motivo a encontrar sus maneras personales de recordar y trabajar con sus sueños, insistiendo en que no hay formas correctas o incorrectas, simplemente hay formas propias, y mientras más esfuerzo ponga, más se gana.

Activar la imaginación

Los sueños y la imaginación comparten el mismo espacio en el cerebro. Un sueño es, esencialmente, su imaginación trabajando mientras el lado consciente de su mente descansa. Por lo tanto, usted puede usar su imaginación para regresar, continuar o alterar sus sueños. Su mente no sabrá la diferencia.

«Activar la imaginación» es básicamente lo mismo que «ser creativo», sólo que con una terminología diferente, dependiendo de si utiliza sus sueños y los aplica a algún aspecto de su vida al despertar.

Por ejemplo, si no le gusta la manera en que se termina un sueño, imaginar otro final puede resultar mejor. Mencioné anteriormente de un sueño en el que aparecía un hombre enojado en mi ático. Desperté sintiéndome disgustado y decepcionado conmigo mismo. Más tarde, regresé al sueño esa noche, imaginando claramente las escenas mientras me encontraba relajado en un lugar tranquilo, con los ojos cerrados, respirando por la nariz, lenta y profundamente. En mi mente volví a ver al hombre enojado y éste se disculpó por reaccionar en vez de escuchar. Yo le pedí que me dijera por qué estaba enojado y respondió que era porque no estaba prestando atención a sus necesidades.

Esa declaración me llevó a conectarme con mi yo interior y me di cuenta que estaba descuidando mi alimentación habitual y mis horas de sueño. Durante varios días seguidos había estado trabajando muy duro, pero eso no justifica descuidarme. Esa noche me fui a dormir a la hora habitual en lugar de trabajar hasta muy tarde; la mañana siguiente, en vez de saltar de la cama a la computadora y seguir trabajando, primero me aseguré de tomar un buen desayuno. Mi reacción satisfizo al hombre enojado porque no volvió a aparecer en mis sueños.

Consejo

Cuando los personajes de un sueño se transforman ante tus ojos, simplemente están mostrando lo que realmente son, lo que simbolizan. Por ejemplo, un gran monstruo que se convierte en un ratón puede simbolizar que detrás de grandes temores frecuentemente están cosas pequeñas.

La forma en que describo el proceso de interpretación de ese sueño específico hace que parezca ser ordenada y lineal, pero no lo es. En lo personal, me tomó un tiempo lograr que el hombre me hablara, pero mantuve el sueño en la mente y trabajé con él. Al inicio, yo no entendía el significado de la presencia de un hombre molesto en mi ático, pero comprendí el mensaje del sueño poniendo atención, haciendo conexiones con la vida real, especialmente con mis sentimientos y trabajando con eso en mi imaginación.

Activar la imaginación con frecuencia implica entablar una conversación con los personajes de los sueños para obtener información, preguntándoles cuáles son sus funciones. Pero usted deberá estar dispuesto a esperar pacientemente y escuchar las respuestas cuando lleguen. Para poder trabajar con sus sueños deje atrás la ansiedad, la frustración, la culpa y las excusas, y dispóngase a descubrir lo que el subconsciente está tratando de decirle.

También puede usar su imaginación para alterar escenas inquietantes, como el de este sueño:

La navaja

Estoy con mi hermano mayor y ambos caminamos por la ciudad en busca de algo. Entonces aparece un muchacho joven que quiere unirse a nosotros. El muchacho debe ser extranjero o algo así, porque habla con un acento particular. Mi hermano le dice que puede venir con nosotros.

Nos encontramos un arma de fuego, parecida a una que mi hermano tiene; cuando la toco se convierte en una navaja tipo mariposa, que abro con un solo movimiento, pero me corto.

Entonces, de repente, estamos en mi dormitorio y estoy despertando. El joven está en mi cama y le corto el estómago con la navaja. Hay sangre y vísceras por donde quiera. Mi hermano está ahí y me da un cuchillo para que termine de matarlo, pero reacciono y pienso «Esto debe ser un sueño y si es un sueño puedo hacer cualquier cosa. Incluso curar al chico y sanar a todos».

Más tarde me despierto de verdad.

Hay algo muy poderoso al trabajar con este sueño: primero se muestra la influencia del hermano mayor sobre el soñador. Al parecer ellos salen a dar un paseo, pero lo que realmente están buscando es al chico al que atacan, que es una proyección de algún aspecto del soñador, que aún es inocente y fácilmente influenciable. La referencia de que el chico es «extranjero» es una señal de que el soñador se siente raro, y esa faceta de sí mismo no tiene cabida en su relación con su hermano. El soñador sabe, inconscientemente, que a los niños pequeños no se les permite jugar con armas.

El arma podría simbolizar un ángulo del soñador, basándonos en la idea de que las personas que tienen armas son duras y frías. De pronto, el arma se transforma. La transmutación de una cosa a otra en un sueño es una forma de mostrar lo que realmente simboliza. Debido a que el arma inicialmente se parece a una que tiene su hermano, podemos interpretar el sueño como la historia del hermano menor emulando a su hermano mayor. El hermano menor quiere ser como él, sin embargo, se corta a sí mismo al abrir el arma, lo que significa que está tratando de ser alguien que no es. Siguiendo esta interpretación, el soñador también está relacionado con el chico que sangra, pues el lado inocente del soñador está siendo severamente herido. El hecho de que se hermano le dé otra arma para que continúe indica que la influencia de su hermano lo está matando por dentro. Sin embargo, la parte más importante del sueño indica que hay una esperanza porque el soñador se da cuenta de que todo es un sueño y sabe que puede curar al chico y que puede hacer cualquier cosa en un sueño.

Aquí está la solución. El soñador activa su imaginación para modificar el sueño y curar al chico. Si él puede imaginarlo de una manera que lo haga sentir real, considero que también puede cuidar su vida y salvar a la parte de sí mismo que estaba desapareciendo bajo la influencia de su hermano. Cuando alguien mata a su niño interior, está eliminando la parte de sí mismo que experimenta la vida con curiosidad y entusiasmo.

Consejo

Según el psicólogo Robert A. Johnson, la mente inconsciente tiene dos medios de comunicación con su contraparte consciente: los sueños y la imaginación. Por lo tanto, usted puede utilizar su imaginación para obtener los mismos beneficios que al soñar.

He aquí otro sueño que proporciona imágenes útiles para su uso con la imaginación:

Estoy en una playa donde se enciende una fogata. Hay una niña mirando a la pared y un grupo de chicas malas detrás de ella, tiran gusanos pegajosos que se pegan al muro.

La playa es el lugar de encuentro de la tierra y el mar, por lo tanto puede simbolizar que los lados conscientes e inconscientes de la mente se encuentran, en este caso para transmitir información. Una fogata es una especie de iluminación que muestra lo que sucede dentro del soñador. También puede simbolizar, sentimientos que se «queman». La niña es una proyección del soñador que se siente avergonzado de algo. Las chicas malas son voces en su cabeza que atacan la imagen que el soñador tiene de sí mismo. A los pensamientos negativos se les compara con gusanos y éstos son pegajosos porque, una vez que se pegan en la mente, son difíciles de eliminar. El hecho de que alguien le tire gusanos demuestra que la fuente de negatividad es externa.

Para activar la imaginación en este sueño, le sugerí al soñador interponer una barrera entre las chicas malas y él, como una forma de decirle a su niña rechazada que no tiene nada de qué avergonzarse; por el contrario, debe preservar su integridad y afirmar su autoestima, eliminando cualquier sentimiento de vergüenza.

Mediante el uso de la imaginación el soñador activa un proceso inconsciente que aporta beneficios al despertar. Se abre un camino hacia la curación de la autoestima.

El sueño muestra lo negativo en su vida y lo convierte en una historia útil para aprender, para sanar y seguir adelante.

En ese ejemplo, el soñador resuelve el conflicto presentado en el sueño por medio de la imaginación y convence a un personaje para participar en su proceso de curación.

Este tipo de trabajo con la imaginación fue popularizado por Carl Jung y sus discípulos, y es una técnica comúnmente recomendada, no sólo para trabajar en los sueños, sinó en cualquier área. Se utiliza hoy en día como la visualización de un logro; por ejemplo en el atletismo puede usarse para prever un buen rendimiento o alcanzar la victoria.

Robert A. Johnson, discípulo de Jung, escribió un libro llamado *Inner work: using dreams and active imagination for personal growth*, el cual es muy recomendable si usted quiere saber más de este tema.

Hágalo usted mismo

¿Recuerda algún sueño que le gustaría cambiar para mejorar? Entonces, hágalo ahora.

Primero, asegúrese de estar relajado y libre de distracciones. Después, sumérjase completamente en la escena, utilice su imaginación para hacer que la historia funcione mejor para todos los involucrados, incluso los personajes malvados. Emplee su fuerza interior para crear armonía interior y exterior. Recuerde que las partes perturbadoras y de miedo de sus sueños están llenas de potencial para provocar cambios en su vida, pero los retos que se presenten se deben cumplir de frente.

Diálogo interno

El diálogo interno es tan simple como mantener una conversación con usted mismo, véalo como una sesión de preguntas y respuestas.

La mayoría de las personas piensan de sí mismos, como «yo», pero desde el punto de vista de la mente inconsciente, usted es «nosotros», un conjunto que se mantiene unido por el ego. Cada una de las partes del ego se manifiesta en los sueños como personajes u otros símbolos y usted puede preguntarles por qué aparecen en sus sueños y qué puede aprender de ellos. Usted puede tener esas conversaciones después de despertarse o incluso mientras sigue soñando.

No espere a que los personajes le contesten directamente; ellos son actores que interpretan papeles, y el diálogo con ellos ocurre dentro de un contexto. Si el personaje se presenta ante usted en forma de un juez, diríjase a él con respeto y actúe como defensor. Si el personaje es un médico suponga que está con él para una consulta relacionada con su salud. Si el personaje es un maestro actúe como un estudiante o colega.

Lo peor que puede hacer, es tratar a estos personajes dentro de la lógica de la vida real, así que evite decirles algo como esto: «Muy bien, quien sea que seas, no tengo mucho tiempo, así que vamos al grano. Sé que representas algo de mí y necesito saber qué. Por qué no nos ahorramos algunos problemas y me respondes qué haces en mis sueños, date prisa, estoy escuchando».

Las confrontaciones directas, no lo llevarán a ninguna parte. Lo más previsible es que el personaje no responda o se moleste con usted.

Aunque todo se trate de sueños, incluya siempre el respeto a todos sus personajes. Trate de posicionarse como el director general, como un jefe de departamento. Haga preguntas, escuche, acepte recomendaciones y dé indicaciones. Usted está ahí para obtener información que ya sabe. También puede tratar de ser un rey que atiende a los miembros de la corte, como capitán que dirige a los miembros de la tripulación o como el presidente de su pequeño país. Sólo recuerde que las partes de usted, representadas por los personajes de sus sueños, tienen sus propios puntos de vista y opiniones, incluso sus propios pensamientos, y no porque sean parte de usted pueden recibir órdenes. Obtenga su respeto y ellos estarán encantados de ayudarle, en su vida diaria y en sus sueños, abriendo posibilidades de desarrollo personal que usted aún no sabe que tiene.

Pongo como ejemplo un poderoso sueño que tuve hace muchos años, en el que por primera vez aprendí el diálogo con mis personajes.

Alguien llama a mi puerta y sin abrir, pregunto quién es. Una voz responde: «enemigos». Abro la puerta y dos hombres entran en mi departamento. Uno de ellos, que está frente a mí, es corpulento y me intimida, tiene el cabello castaño, barba y bigote. El otro hombre rápidamente se desliza detrás de mí, así que no alcanzo a verlo completamente. Empuño una katana y ataco al primer hombre. Veo que el arma se impacta en su cuerpo, pero no le hace daño, no importa qué tan fuerte sea el golpe. Él permanece en mi departamento y no desaparecerá. Entonces me dice: «La ira no te ayudará».

En ese momento me di cuenta de que estaba soñando, pero el sueño se volvió inestable porque estaba a punto de despertarme.

Y no es posible conversar con los personajes a menos que esté dormido. Solo tengo tiempo para una pregunta, porque el escenario del sueño comienza a desvanecerse, por lo que hice un cuestionamiento:

—¿Cuáles son sus nombres?

—James y John —respondieron las dos voces.

Pregunté por sus nombres porque suelen ser una referencia fácil y proporcionan información para hacer asociaciones. James no era difícil de identificar, es el nombre de mi padre, quien suele ser muy amable, pero cuando se enoja o se siente amenazado pierde los estribos, como lo hice yo en el sueño. Al asociar ese nombre con la influencia de mi padre, tengo una clara referencia a una parte de mí mismo.

Años más tarde hable con «James» y él se describió a sí mismo como una parte viva de mí, alguien que vino en plan de enemigo, pero en realidad estaba ahí para ayudarme a entenderme mejor.

De esta manera, he vivido el sueño, haciéndolo parte de mi vida al despertar.

El personaje de John era más difícil de averiguar; por un lado, no lo podía ver completamente, sólo tengo un flash de una cara sombría, que parecía sospechosa. Además, las únicas personas que conocía con ese nombre no jugaron ningún papel en mi vida. Tuve que indagar más mediante el análisis de su comportamiento.

No importa que tan rápido me moviera en el sueño, John siempre estaba detrás de mí, lo que significa que yo no estaba consciente de su presencia y su influencia en mi vida. En el sueño me atacó por la espalda, cuando estaba vulnerable, aunque no representaba una amenaza física, porque yo no estaba tan preocupado por él como por James. Sin embargo, supuse que John podría influir en mis sentimientos o percepciones. Hice varias hipótesis hasta que un día su nombre finalmente tuvo sentido: «John» es el nombre que se utiliza en el lenguaje coloquial de las prostitutas para denominar a un cliente. En ese momento yo estaba tratando de ser más consciente de la sexualidad en mi vida, por lo que John, simbolizaba el lado de mí que estaba escondido en el fondo de mi mente.

James y John representan dos aspectos que están estrechamente relacionados. La misma debilidad personal que me llevó a atacar a James, me hizo vulnerable ante John.

Yo no podía hacer frente a los personajes de mi sueño con ira, mi batalla con James me enseñó que la furia no ayudaría. En vez de eso, los escuché y vi su influencia en mi vida. Ambos personajes podrían tomar cualquier forma, pero detrás de las apariencias mostraban lo mismo. Yo los identificaba por nuestros diálogos.

Para resolver la situación con el personaje, analicé algunas costumbres de guerreros y logré asimilar la lección de nunca utilizar la ira. Para trabajar la situación con John, observé a mujeres atractivas, controlé mi deseo sexual, demostrándome a mí mismo que no podría ser manipulado por pasiones. Interrogué a los personajes para saber quiénes eran y por qué estaban en mi sueño, fui generándome una idea de lo que representan dentro de mí. Mientras los conocía, estos personajes podrían aparecer en cualquier momento y lugar, y tratar de tomar el control de mi vida.

A continuación, recreo un diálogo con John:

> YO: *También vi a la atractiva chica y escuché lo que dijiste acerca de llevarla a casa.*
>
> JOHN: *Entonces por qué no le dices algo. Nunca vas a conseguir nada si no te esfuerzas.*
>
> YO: *Estoy en una tienda de comestibles, no en un club nocturno, y ella se ve más interesada en lo que va cenar que en ir a casa conmigo. Además, no la conozco.*
>
> JOHN: *Eso no es excusa. Tienes miedo de ir tras lo que quieres.*
>
> YO: *Me pongo nervioso cuando trato de relacionarme con mujeres. Tienes razón en ese sentido. No es el momento adecuado.*

*JOHN: No recibirás muchas muestras de afecto si continúas
actuando de esa manera, ¿cuánto tiempo ha pasado sin que
hayas tenido una relación con una chica? Demasiado tiempo.*
*YO: Sabes mucho sobre mí, John. Gracias por señalarlo;
pero eso me hace sentirme más determinado para hacer las
cosas bien.*
JOHN: Ufff
YO: Como sabes no soy un aspirante a proxeneta.

En los primeros días en los que empecé a usar la imaginación,
escribí los diálogos, pero después de un rato se convirtieron
en menos estructurados y más espontáneos. Cualquier personaje que provoque una fuerte impresión o sea recurrente en
sus sueños se convierte en fuente para la imaginación activa.
Lo más importante es encontrar o crear un ambiente de paz y
tranquilidad para hablar con uno mismo. Sin esto, difícilmente
logrará escuchar a los personajes, su presencia no se sentirá,
sus voces no se distinguirán y su presencia no provocará ningún efecto real.

Sin embargo, una vez que adquiera la experiencia y conocimiento, y establezca líneas de comunicación con los personajes
del sueño, los diálogos pueden ocurrir en cualquier momento
dando lugar a puntos de vista acerca de usted mismo, que no
podría obtener de otra manera.

USAR SÍMBOLOS

Una manera concreta y fácil de hacer que sus sueños sean parte de su vida diaria es hacer que los símbolos formen parte de
su persona y su entorno. Dos ejemplos que ya se han dado
son los del lobo y la rana. El lobo se me apareció en un sueño como un tatuaje en el hombro. Cuando me desperté me
compré un póster de un lobo para ponerlo en la pared de mi
dormitorio. Cada vez que lo veía, me acordaba de mi sueño
y su significado.

En el ejemplo de la rana, ésta simboliza la timidez, la sensitiva naturaleza interna del soñador que necesita ser protegida. Por lo cual, le sugerí que colocara la figura de una rana en su entorno de vida o que usara una camiseta con un amfibio para recordarle el sueño y su mensaje.

Yo solía usar un collar con una cruz egipcia como símbolo de las creencias que heredé de mi cultura, incitado por mis sueños para forjar una espiritualidad personal; lejos de la censura que aprendí de ciertas iglesias cristianas. Asocio la cruz egipcia con el gnosticismo, lo que significa que la fe se adquiere a través del conocimiento no por simple creencia. El uso de ese símbolo me recuerda que he encontrado una espiritualidad que surge de mi experiencia personal, no de las enseñanzas de alguien más. Me conecta con mis sueños y enriquece mi vida diaria.

He soñado con el consumo de ciertos alimentos y, en la vida real, he obtenido beneficios al comer más de éstos. He soñado con actividades como jugar basquetbol y lo convertí en parte de mis hábitos de ejercicio. He soñado con visitar lugares y después de eso los conozco en la vida real. He soñado con amigos y miembros de la familia y lo tomo como señal para llamarlos o verlos. A menudo, esas personas también han estado pensando en mí, por lo que, cuando los llamo, su reacción es decirme «Estaba pensando en ti y preguntándome cómo te estaría yendo».

Por supuesto que no todos los símbolos son una sugerencia directa en la vida real. Ya les compartí un ejemplo en el que un soñador viaja con un antiguo amigo del posgrado, al que no había visto en una década, y estaba en su auto, indicando la ruta en un mapa. El sueño no era un mensaje para estar en contacto con su viejo amigo, sino un recordatorio de que él le había enseñado algo que le ayudaría a «encontrar la ruta» para llegar a una meta.

Su imaginación es una potente herramienta para trabajar en sus sueños. Úsela de forma de manera que se usted se sienta bien y que no afecte negativamente a las personas que lo rodean.

Sus sueños le ofrecen una gran variedad de imágenes para que las use de forma creativa. Las técnicas aquí descritas le ayudarán a empezar.

Consejo

Observe el diario de sus sueños y analice la lista de símbolos que se repiten o se identifican con usted. Cada símbolo está cargado de energía latente que puede ser experimentada o intuida en el sueño. Mediante la interpretación de los símbolos usted lleva esa energía a su vida diaria.

Si lo desea, enumere todos los símbolos en lugar de hacerlo sólo con los que sobresalen y busque posibles significados en diccionarios, enciclopedias o internet. Y recuerde buscar formas de hacer que los símbolos de sus sueños sean una parte concreta de su vida diaria.

El control de los sueños o los sueños lúcidos

Una vez que ha descifrado el significado de sus sueños y ha logrado aplicar esos conocimientos en su vida diaria, está listo para avanzar un paso más: controlar los sueños.

Esta técnica es popularmente conocida como «sueños lúcidos». Una vez que usted está soñando, tiene la opción de seguir conscientemente la historia, como si estuviera viendo una película, o controlando lo que sucede después. ¿Quisiera volar con sólo desearlo?, eso es lo que mucha gente hace cuando, por primera vez, experimenta sus sueños lúcidos; ¿quiere hacer el amor con la persona de sus fantasías?, esa es otra opción popular.

Antes de darle los primeros consejos sobre cómo llegar a tener sueños lúcidos y controlarlos, quiero hacer énfasis en que este paso es más avanzando y sólo debe llevarse a cabo después de que se han adquirido las habilidades para comprender los fundamentos y la interpretación de los sueños.

Su mente inconsciente recibe pocas oportunidades de hablar e insistirá previniendo u obstaculizando el sueño lúcido, hasta que usted esté listo.

Usted no debe escalar el Monte Everest hasta estar bien preparado, de lo contrario usted podría atraer problemas.

Una vez dicho esto, nada peligroso puede ocurrir al controlar en sus sueños. Pero, ¿cómo reconocer que usted está soñando, mientras está en un sueño? El método más popular que he encontrado es el «test de la realidad». Para determinar si se está soñando, pregúntese si la escena que se desarrolla es la realidad o un sueño. Hágalo un hábito mientras se está despierto y también mientras está dormido. Algunas personas ven sus manos y cuentan sus dedos. Algunos miran el reloj y tratan de notar discrepancias horarias. Algunos buscan algo que siempre traen en sus bolsillos, como una moneda especial, una llave o una navaja de bolsillo.

La mejor manera de darse cuenta de que se está soñando, es simple, debe reconocer el paisaje de sus sueños. Esto se vuelve más fácil a medida que lo lleva a la práctica. He conocido a personas que trataron de tener sueños lúcidos antes de que pudieran recordar regularmente de sus sueños: inevitablemente no tuvieron éxito. Al igual que con cualquier disciplina, llegar a un sueño lúcido es un proceso de aprendizaje y requiere el dominio de nuevas habilidades.

En mi experiencia personal, conseguí un sueño lúcido por primera vez, después de varios años de interpretarlos. Y fue justamente a partir de la experiencia de dialogar con mis personajes. Al tomar conciencia de que estaba en un sueño, fui capaz de hacer la pregunta correcta, antes de que el sueño terminara. Justo en esa época, yo estaba leyendo un libro acerca de los sueños lúcidos y considero que eso me ayudó.

Lo que puede funcionar mejor, es simplemente entrenar su mente para reconocer que está soñando, y cualquier medio que lo haga lograrlo será bueno para usted.

Otra manera de entrenar su mente para tener sueños lúcidos es a través de los videojuegos, lo cual se analizará más adelante.

En internet existen diversos foros y comunidades dedicadas a los sueños lúcidos, que además de proveer muchos recursos, cuentan con la participación de varios soñadores lúcidos y experimentados que pueden guiarlo en su proceso o responder a sus preguntas.

Estos pasos son suficientes para empezar: recordar, interpretar y vivir sus sueños.

Si es usted nuevo en la interpretación de los sueños, podría tomarse un tiempo prudente para trabajar en estos aspectos antes de continuar con el resto del libro. Esto le dará tiempo suficiente para comprender y aplicar lo que hemos visto hasta ahora.

Sin embargo, las próximas páginas lo estarán esperando para ampliar sus conocimientos sobre los sueños. Usted no tiene que aprender todo inmediatamente, la interpretación de los sueños es un largo viaje y lo más importante es aprender a caminar por sí mismo, hasta el final.

Guía de símbolos

Esta sección no pretende ser, de ninguna manera, una guía exhaustiva de los símbolos que aparecen en los sueños. Sin embargo, procuro cubrir todos los temas o mencionar aquellos que no han sido abordados a profundidad. Además, es preferible mostrarle cómo interpretar los símbolos en lugar de proporcionarle definiciones invariables.

Una vez que aprenda a hacerlo podrá interpretar cualquier símbolo que aparezca en sus sueños.

Le recomiendo mi blog personal <*http://dreams123.net/ wp*> en el que puede buscar más información y recursos. Utilice el cuadro de búsqueda y encontrará explicaciones sobre diversos símbolos como colores, discusiones, animales y su posible significado en los sueños.

Hágalo usted mismo

Usted está a punto de descubrir un glosario de símbolos de los sueños.

En algún momento usted recordará algunos sueños. Cuando esto suceda, deje de leer y escriba cualquier idea en su diario. Luego regrese a leer y decodifique sus sueños.

Por ejemplo, una de las interpretaciones para volar, es «despegar» o «elevarse» en aspectos de su vida personal. Si, mientras lee esta definición, usted recuerda sus sueños relacionados con volar, use la información para entender el resto del sueño.

Si el sueño es acerca de un avión sobrecargado con equipaje, que es muy pesado para alcanzar altitud, podría significar que usted «carga algo pesado» en su vida personal. Si el avión cambia de ruta mientras está en curso, indica que hay varias maneras de hacer un cambio en su vida. Si el avión se retrasa, pregúntese si una decisión importante ha sido retrasada o ha postergado algo en su vida.

Haga este ejercicio y los otros sugeridos en este libro y encontrará un cofre del tesoro personal, con conocimientos acerca de sus sueños.

ARQUETIPOS

El concepto de «arquetipo» fue introducido en el mundo moderno por Carl Jung, quien lo desarrolló mientras trataba de responder cuál era la relación entre los motivos y las imágenes que aparecían en los sueños de sus pacientes, y cómo se manifestaban en otras personas de culturas y orígenes diferentes. Sus descubrimientos lo llevaron a la identificación y categorización de una amplia variedad de ideas, imágenes y patrones de pensamientos heredadas colectivamente y conocidos ahora como arquetipos.

Robert Moore, un seguidor de Jung, refinó aún más el concepto, en el libro que escribió junto con el mitólogo Douglas Gillette, *King, magician, warrior, and lover: rediscovering the archetipes of the mature masculine*, con el que aprendí a reconocer arquetipos en los sueños y se lo recomiendo a todos los que quieran saber más sobre el tema. Aunque el libro está escrito desde la perspectiva de la psique masculina, aborda a los arquetipos en general. Moore identifica cuatro arquetipos elementales en la psique humana: el monarca, el mago, el guerrero y el amante. A continuación se explica cada uno brevemente.

El monarca

El arquetipo del monarca es un patrón programado en la mente para mostrar al líder que todos llevamos dentro. Las figuras históricas y mitológicas pueden aparecer en los sueños representando este arquetipo. Los líderes como Bill Gates, Steve Jobs y Hillary Clinton representan el arquetipo del monarca en nuestros días. En sus sueños, el monarca puede tomar la forma de una persona que usted conoce como un entrenador, un maestro o un pariente que encarne las características de liderazgo.

El mago

El arquetipo del mago representa las áreas del intelecto y las habilidades intelectuales. El campo de la medicina, la ciencia, la publicidad, la ingeniería y las artes, entre otros, requieren una gran cantidad de «magia» o cierto tipo de creatividad. El mago tiene la capacidad de aplicar los conocimientos y manipular la energía. En los sueños este arquetipo puede tomar la forma de ilusionistas famosos como David Copperfield o personas con habilidades inusuales, especialmente psíquicas. Este arquetipo tiene la capacidad de hacer que las cosas sucedan en su vida mental.

El guerrero

El arquetipo del guerrero hace que las cosas sucedan en el mundo físico. Representa la fuerza que lo impulsa a trabajar, a entrenar o estudiar mucho.

El monarca suele ser «el que desea» un ascenso en el trabajo, pero es el guerrero quien lo obliga a llegar temprano o invertir más tiempo en su trabajo, en practicar un deporte o algún hobby. El guerrero se vincula con su disciplina y su capacidad para proteger su espacio.

Este arquetipo puede ser representado por medio de figuras mitológicas, pero más a menudo suele manifestarse a través de los guerreros de hoy en día, como Chuck Lidell, Chuck Norris o Buffy la cazavampiros.

El amante

El arquetipo del amante proporciona la motivación y la inspiración para crear su propio pequeño reino y una vida completamente plena, buenas relaciones y, por supuesto, amor. El amante faculta el placer y la apreciación del arte.

Este arquetipo permite que el guerrero tome un descanso, que el monarca experimente compasión y el mago salga de su torre de marfil. El amante nos apremia a encontrar el amor y a experimentar la intimidad. Nos insta a conectarnos con el mundo y con nosotros mismos.

El niño divino

Otro arquetipo mencionado en este libro es el divino niño. Como Moore lo ve, este arquetipo representa una primera versión del Monarca y encarna a un niño pequeño. Es una fuente de entusiasmo y de ganas de vivir. La presencia del divino niño actúa en su vida cuando usted se siente entusiasmado, cuando quiere comenzar un nuevo proyecto o cuando está feliz de estar vivo.

El Ser Supremo

También se menciona el arquetipo de un ser superior, el cual surge de una necesidad universal para dar sentido a la vida y comprender nuestra existencia.

Cada uno de estos arquetipos tiene una versión joven y otra madura; y cada una de éstas tiene un lado oscuro, por lo que este tema puede ser complejo. Para nuestros propósitos abordaré este tema de forma simple, sin embargo lo exhorto a leer los libros de Moore, si desea profundizar.

La forma más sencilla de pensar en los arquetipos es verlos como «fuerzas que dan forma a la energía humana», estructuras que se encuentran en un nivel de la mente que afecta a toda la superficie.

Los arquetipos son análogos a la fuerza, la cual es invisible, pero su influencia se puede ver físicamente en objetos que responden a su magnetismo. Como cuando se coloca un puñado de limadura de hierro sobre una hoja de papel y luego se pone un imán debajo. Los fragmentos de hierro se alinearán, como soldados en formación, siguiendo el camino que traza la fuerza magnética. Los arquetipos influyen de manera similar. Los pensamientos, sentimientos y comportamientos, aparecen en los sueños como personajes, pero a veces como escenarios u otros símbolos. Usted no tiene que conocer a profundidad los arquetipos para interpretar sus sueños, pero la comprensión de estos conceptos puede ser útil.

Los arquetipos están hechos de energías opuestas entre sí, por lo tanto, a menudo aparecen como personajes contrarios, como puede ver en «Los pares u opuestos» (pág. 57).

Uno de los extremos es «positivo» y el otro es «negativo», ambos describen los niveles de energía, al igual que la polaridad de electricidad. Las cosas pierden equilibrio cuando un arquetipo predomina sobre otro. Otra característica de la influencia de los arquetipos cuyos polos chocan se conoce como bipolaridad.

El objetivo debe ser lograr el equilibrio entre los opuestos.

A continuación mostraremos dos ejemplos de sueños que muestran los arquetipos.

En los tribunales

Estoy en una sala de un tribunal, hay cuatro mesas rectangulares acomodadas en forma cuadro en el centro. Una de las mesas, está tapada por una cortina, pero sé que está ahí.

El juicio está a punto de comenzar. Mis padres están sentados, como observadores.

Un hombre agresivo sale detrás de la cortina y comienza a hablarle con dureza a una niña que está en el rincón comiendo agujas.

El orden de las mesas, salta inmediatamente hacia a mí. La configuración cuadrada simboliza los cuatro arquetipos primarios.

El escenario de la corte indica que algo malo ha sucedido y alguien será juzgado. Es el lugar donde se revelará la verdad. La presencia de los padres del soñador señala la raíz original del conflicto, a pesar de que ellos no serán juzgados, sin embargo, su presencia implica una pista. La cortina esconde algo, es un área del soñador, fuera de su campo de visión, que necesita de su atención, su identidad es revelada. A juzgar por el comportamiento de la niña, se está manifestando el lado oscuro del arquetipo del guerrero, que contiene la energía sádica o masoquista.

En ocasiones hay variaciones entre los opuestos y aquí hay un ejemplo típico. El sádico, sabiendo que está a punto de ser juzgado en el tribunal, trata de desviar la atención hacia su contraparte: el masoquista, que es la niña que come agujas. El agresor culpa al agredido y cree que es responsable de alguna manera. La venganza de la niña es comer agujas, lo que simboliza daño auto infligido a su cuerpo y su propia imagen. El par formado por estos dos personajes muestra cómo sus naturalezas opuestas son, en realidad, dos caras de la misma moneda: un arquetipo en la vida del soñador.

Con los conocimientos que este sueño provee, el soñador puede reconocer patrones que están obstaculizando el progreso de su vida, reconocer las fuerzas en lo profundo de su psique y aprender a utilizarlos conscientemente para poner fin a su conflicto interno. Cada sádico necesita un masoquista para complementarse. Y mediante el reconocimiento de ambos lados en su interior soñador, el puede elevarse por encima del conflicto y dejar del lado la sombra del arquetipo del guerrero.

La doncella y la anciana

Estoy en el centro comercial, en busca de un uniforme de trabajo y me veo a mí misma en el centro de una tienda, donde hay un espejo en forma de una pirámide de cuatro caras. No me veo con claridad y mi Blackberry me distrae.

Entonces, veo a una joven doncella y a una anciana detrás de mí. La joven, que aparece entre humo, me arrebata mi BlackBerry, empieza a pulsar los botones y dice: «¡Este juguete no es divertido!» Espero que la anciana se lo quite y me lo devuelva. Estoy horrorizada ante la idea de que la doncella presione botones y envíe por correo electrónico fotos personales a mis compañeros de trabajo, o cualquier otra cosa que pudiera ser vergonzosa, pero ella parece no percatarse de mi preocupación.

Le exijo que no haga nada malo. La anciana se desploma de forma fulminante ante mis ojos, diciendo: «Si tan sólo hubiera cuidado mejor de mí misma, cuando tenía tu edad».

Las tiendas son lugares en los que tomamos decisiones de compra, por lo que en los sueños pueden intervenir como asombrosas metáforas de cualquier decisión tomada en la vida. La elección de un empleo puede ser comparada con ir a un centro comercial, con múltiples tiendas (empleos o profesiones a elegir), seguido de una compra (una decisión), que representa una inversión de tiempo y recursos personales (a cambio de dinero y beneficios). El soñador está experimentando cuestiones de identidad, relacionadas con su vida laboral. Podría estar considerando la posibilidad de un ascenso o una posición diferente, simbolizada al probarse ropa nueva, pero tiene dificultades con lo que se puede «observar» en este cambio: el soñador no se puede ver a sí mismo en el nuevo papel.

La posición del espejo en el centro de la tienda, indica que se trata de una cuestión central en su vida y su forma de pirámide es un claro indicativo de algunos aspectos arquetípicos. El soñador ve a una doncella y a una anciana en el espejo, éstas son dos formas arquetípicas detrás de su incapacidad para verse a sí misma en un nuevo rol de trabajo, lo cual muestra la renuencia del soñador para asumir más responsabilidades de trabajo. Una parte del sueño se refiere a la doncella como una persona más interesada en el juego que en el trabajo. La doncella representa el polo activo-positivo del arquetipo, no obstante, su reacción al tomar el BlackBerry es de apatía ("¡Este juguete no es divertido!") lo que es una clara opinión de lo que el soñador piensa acerca de su dispositivo y su importancia en su vida adulta. Por otro lado, la anciana representa el polo pasivo-negativo del arquetipo. Simboliza el miedo a envejecer. El soñador frustrado, espera que la anciana intervenga, en el conflicto de los opuestos, en vez de elevarse por encima de él, y está preocupado porque la chica puede avergonzarlo. Esta reacción se puede interpretar como el temor del soñador a que una parte inmadura de sí mismo, que odia las exigencias de su trabajo, saboteé su carrera. La anciana, representa otro obstáculo para el soñador si elige un trabajo más difícil: el miedo la hará más vieja, antes de tiempo. Las últimas palabras de la anciana al desplomarse expresan este temor.

Consejo

Los arquetipos se representan con frecuencia en sus sueños mediante imágenes divinas, regias, mágicas o míticas.

CUERPO

Los escenarios de los sueños o sus características, a veces, simbolizan su cuerpo. El escenario puede hablar de su salud, bienestar y desarrollo, así como de lo que usted siente al vivir dentro de su cuerpo, sus necesidades o sus percepciones sobre su imagen corporal. Algunos símbolos para el cuerpo pueden manifestarse a través de edificaciones, vehículos o ciertas características del paisaje, como colinas o árboles; otras veces el cuerpo se representa literal y directamente.

Las tiendas de comestibles, restaurantes, hospitales, consultorios médicos y gimnasios pueden comunicar información en relación al cuerpo y sus necesidades.

Los sueños también pueden utilizar símbolos para áreas específicas del cuerpo. Por ejemplo, un tobogán puede simbolizar una garganta, una máquina de bombeo puede simbolizar un corazón y un globo puede simbolizar un pulmón. Algunos lugares dentro de un escenario podrían mostrar algunas zonas del cuerpo: un techo o el piso superior indicarán la zona de la cabeza, los intestinos pueden simbolizar por un sótano o la plomería de una casa, los afluentes de un río o las ramas de un árbol pueden representar a los brazos o las piernas. En un sueño que interpreté, el útero y los órganos sexuales femeninos aparecieron como un edificio con un túnel subterráneo que conducía a un patio cerrado. Lo que realmente me dio una pista para llegar a ese significado fue que, en el sueño, el encargado del estacionamiento le solicitó al soñador ponerle salsa picante en la lengua, para dejarlo pasar al patio. Está metáfora estaba relacionada con un procedimiento quirúrgico al que la soñadora fue sometida, en el cual las células precancerosas del cuello del útero son quemadas. La sensación de algo picante en la lengua era un símbolo de algo quemando el cuello del útero del soñador.

Por otro lado, los sueños pueden vincular áreas del cuerpo con aspectos específicos de la vida. Por ejemplo, un sueño acerca de un disparo en la pierna o el pie puede relacionarse con algo que obstaculiza su capacidad para seguir adelante en la vida. Una herida en el brazo o en la mano puede indicar algún impedimento para detonar su capacidad de actuar o trabajar. La garganta puede simbolizar su habilidad para decir lo que piensa; la cara puede vincularse a su imagen pública o al carácter personal, ya que las caras están estrechamente relacionadas con la identidad.

A continuación enlisto ciertas áreas del cuerpo y expongo algunas ideas sobre lo que podrían simbolizar:

- Pies: orígenes, movimiento, voluntad...

- Piernas: habilidad para progresar, fuerza para mantenerse de pie...

- Caderas: balance, apertura, destino...

- Estómago o intestino: instintos, alimentación, ansiedades, miedos...

- Espalda: lo invisible, lo inconsciente, lo que está detrás de usted, cargas, responsabilidades...

- Pecho: orgullo, logros, poder, culpa...

- Corazón: compasión, amor, odio, envidia...

- Brazos: trabajo, fuerza, defensa personal, separación...

- Muñecas (aplica a todas las articulaciones): necesidad de acción, conexión, flexibilidad...

- Manos: acción, tener control sobre algo, hacer dinero, unidad...

- Cuello: hablar; conexión entre la mente y el cuerpo o entre la cabeza y el corazón...

- Ojos: observar, analizar, percibir un objetivo, el alma...

- Cabeza: los procesos de pensamiento, sentido de la orientación...

- Cabello: pensamientos, instintos, personalidad...

- Dientes: nos referiremos a ellos con más detalle en las próximas páginas.

En los sueños relacionados con el cuerpo, con frecuencia hay referencias a su salud y cuidado.

El siguiente ejemplo tiene un mensaje sobre la salud corporal.

Rescatando a un pez moribundo

Estoy en una habitación de mi casa y veo en una pecera dos peces muertos, y un tercero que apenas vive. Hay algo malo en el agua, es amarilla.

En la parte inferior de la pecera, hay trozos de pepino fresco. Necesito un alguicida para limpiar el agua, por lo que llamo a un amigo, que está en la cocina. Él se dirige a la parte inferior de la pecera y se come algo que parece gelatina roja, pero se siente frustrado, porque no está ayudándome a salvar al pez.

El símbolo que se vincula con el cuerpo es la pecera. Me recuerda a una vejiga o riñón y sospecho que el agua de color amarillo indica que algo está fuera de equilibrio, enfermizo, probablemente relacionado con el sistema urinario. Visto de esta manera, el pepino tiene sentido, porque el agua pura con trozos de pepino es un remedio popular para los problemas urinarios. El soñador me comentó que creía que tenía una infección urinaria. La aparición del amigo que come gelatina roja parece absurda, pero en el sueño indica la ingestión de algo que limpia el cuerpo. El escenario, que combina el interior de la casa y la pecera, señalan un panorama al interior del cuerpo.

La salud del cuerpo es una prioridad para los sueños, junto con la salud mental y espiritual. Las amenazas a la salud a menudo se manifiestan antes en los sueños.

Veamos el siguiente ejemplo:

Estoy en la cocina y tomo un refresco del refrigerador, bebo de él y siento algo extraño en la boca. Me asusto cuando saco una araña negra y me doy cuenta que ya he tragado otras.

El escenario de la cocina suele referirse a los hábitos alimenticios y en este sueño advierte gráficamente que el soñador debe evitar tomar demasiada azúcar, bebidas ácidas (que en gran cantidad son como arañas venenosas para el hígado y el sistema digestivo).

Otros sueños específicamente se dirigen más a la imagen corporal y la percepción de la salud:

«Maratón» de TV en el gimnasio

Estoy en el gimnasio, como de costumbre, en la máquina elíptica, por alguna razón todos los televisores muestran una serie de películas de Bridget Jones.

Uno de los instructores de fisicoculturismo comenta que Los caballeros las prefieren rubias, *está exhibiéndose en el área de pesas. Luego señala que el ejercicio favorito de Marilyn Monroe fue* press *de hombros con mancuernas.*

En la vida real, en el gimnasio, el soñador evade el área de pesas porque teme aumentar sus músculos. En el sueño, el escenario de gimnasio se utiliza para contar una historia acerca de su motivación para hacer ejercicio. La película *Los caballeros las prefieren rubias*, se relaciona con la percepción del soñador acerca de que los hombres prefieren a las mujeres delgadas. Así que se pasa todo el tiempo, entrenando en máquinas elípticas, simbolizado por el maratón de películas de Bridget Jones. Pero su cuerpo quiere una rutina de ejercicio equilibrado y su sueño decide entregar el mensaje a través de un entrenador.

Monroe, un ícono de la belleza femenina, utiliza pesas como una parte regular de su rutina de ejercicios y nunca tuvo una excesiva musculatura. El soñador sabe este hecho aunque no lo aplica a sí mismo, por lo que el sueño utiliza este argumento. El gimnasio es un escenario que sirve para contar una historia acerca de su régimen de ejercicio actual y cómo mejorarlo. Esta interpretación llevó al soñador a centrarse en la pérdida de peso con un sólido entrenamiento.

LIBROS

La vida se compara con un río que fluye hacia adelante, día a día. La mente inconsciente, sin embargo, ve la vida como un libro ya escrito. Por lo que los libros en los sueños pueden adquirir gran importancia, por contener información vital sobre el pasado, presente y futuro de un soñador.

Por supuesto, los libros pueden tener un propósito simple, relacionado con la vida cotidiana. Por ejemplo, es posible trabajar sobre un tema o cuestión durante el día y en el sueño de la noche encontrar una solución en un libro de texto. La información ya está en su mente, sólo necesita un poco de ayuda, para conectar los puntos.

He interpretado sueños, en los que se encuentra la solución a algo directamente en la página de un libro, pero, por lo general, la mente inconsciente habla con indicios y pistas.

Los libros se utilizan para comunicar tanto la información cotidiana y la información duradera de vida del soñador. La diferencia entre ambas se percibe o se intuye. Si el escenario del sueño, es una escuela y usted está en el escritorio con un libro de matemáticas abierto, probablemente está soñando con un proceso de aprendizaje, relacionado con las matemáticas, o el sueño manifiesta sus sentimientos sobre el tema, quizás usted está tratando de «sumar» algo en su vida, considerando opciones, o incluso procesando algo que ocurrió en una clase de matemáticas de ese día. Pero si el entorno en sus sueños es una torre de un antiguo castillo y el libro está encuadernado en piel, probablemente está soñando con algo mucho más significativo.

Los sueños realmente importantes muestran libros que contienen información relevante sobre su vida. Cuando usted tiene la oportunidad de leer sobre su vida, descrita desde otro punto de vista que no es el suyo, es probable que se caracterice por su precisión y objetividad. Sus sueños pueden describir su yo más íntimo, de una manera que no se puede hacer conscientemente en palabras. En muchas tradiciones religiosas, incluyendo el cristianismo, un libro de la vida es el que registra todo lo que una persona hace y piensa. Edgar Cayce se refiere a esto como los registros *akásicos*. Cualquiera sea el término que se utilice, el concepto es universal: las palabras en un libro de la vida son realmente descripciones de cómo la conciencia de una persona afecta a su entorno, pone de manifiesto las huellas que se han dejado al poner los pies en esta realidad. En ese sentido, un libro es un gran símbolo de vida.

Cuando los libros aparecen en sus sueños, preste atención a la forma en que se utilizan y la importancia que se les da. Recuerde que los libros simbolizan el conocimiento que usted ya tiene, aunque no lo perciba. Hemos de tener en cuenta que la mente inconsciente no revelará sus secretos hasta que esté usted esté listo para saberlos, porque los sueños sólo se manifiestan en el mejor momento, cuando usted haya evaluado las cosas por su cuenta.

NIÑOS Y EMBARAZO

La mayoría de los sueños que utilizan niños y embarazadas como símbolos, no tienen nada que ver con tener un hijo o un embarazo. Una persona puede estar preñada de ideas o posibilidades, o dar a luz a una creación, por lo que los sueños relativos a los niños y el embarazo implican, con frecuencia, la creatividad y los esfuerzos. Sin duda, ésta será una de las primeras interpretaciones a considerar, si el soñador no tiene hijos en la vida real, o si los niños que aparecen en un sueño no son conocidos.

Si usted tiene niños y sueña algo sobre ellos, está trabajando con situaciones o sentimientos relacionados con su crecimiento, o está percibiendo indicios de sus necesidades, su salud o su vida emocional.

En un sueño que analizamos anteriormente, un soñador vio que los niños desparecían de la guardería y los adultos no se dieron cuenta, una advertencia obvia de que algo anda mal cuando los padres no están cerca. En otro ejemplo, vimos que una madre soñó con una píldora que había caído bajo su sofá y que su bebé podía encontrarla.

Los sueños dan una información valiosa como ésta, sobre la crianza y protección de los niños.

El próximo sueño utiliza el embarazo para tratar un tema relacionado.

Dando a luz

Estoy embarazada, pero no se nota en mi vientre. Doy a luz a un pequeño bebé y mi único pensamiento es el miedo enorme de no ser capaz de mantener al niño porque tengo que volver al trabajo al día siguiente y no hay manera de que mi patrón me dé licencia de maternidad. Así que pongo al bebé en una bolsa de plástico blanca y lo dejo en un contenedor detrás del lugar donde trabajo.

Reviso al día siguiente y la bolsa está cerrada y atada. Supongo que el bebé está muerto.

Un detalle personal importante que debemos tener en cuenta acerca del soñador, es que está en edad de tener hijos. Lo que veo en este sueño es el miedo a no ser capaz de criar a un niño porque su horario de trabajo no se lo permite. Ella no está tratando embarazarse, pero, en su actual situación laboral, ni siquiera lo consideraría. Poner al bebé en una bolsa detrás de su lugar de trabajo, es una forma de «guardar» la esperanza hasta que sea el momento adecuado.

Otra forma de interpretar el sueño es que la soñadora está preñada de energía creativa, pero no tiene manera de expresarla en su trabajo, puesto que éste absorbe mucho tiempo y energía. Entonces, poner al bebé en la bolsa podría representar el ahorro de su energía creativa para cuando tenga oportunidad de usarla. Sin embargo, el embarazo nunca se nota en su vientre y la razón por la que éste funciona como metáfora de la creatividad, es que crece en el interior del soñador hasta que da a luz. Además la reacción del soñador de estar preocupado por no tener tiempo en el trabajo es un indicio de que se trata de un tema relacionado.

Cualquiera que sea la interpretación del embarazo, en este caso, no se confirma el peor temor sobre lo que este sueño podría significar: que ella sea una asesina de bebés, sin corazón. Lo que ella ve en el sueño es completamente simbólico. Un sueño como este, puede ser un aviso que lleve al soñador a prepararse para un posible embarazo, como ponerse en forma, buscar a un padre o escalar a una adecuada situación laboral.

Aunque le sorprenda, es muy común que los hombres sueñen con estar embarazados y dar a luz. Este sueño se ha mencionado anteriormente:

Dar a luz al bebé de uno amigo

Soy un hombre heterosexual, pero sueño que estoy en un hospital y doy a luz. El niño no es mío, pertenece a un amigo mío.

Para que este soñador entendiera lo que significa dar a luz, tuvo que reconocer sus vínculos con su amigo, al cual el soñador describió como trabajador y exitoso. Así que dar a luz simboliza que emergieron las cualidades del amigo en el soñador, por lo que éste decidió trabajar más duro para tener más éxito, como su amigo.

Naturalmente, teniendo en cuenta que los sueños a veces se expresan literalmente, los sueños relacionados con el embarazo o alumbramiento pueden ser signos de un verdadero embarazo. He leído varios informes de mujeres que soñaban estar embarazadas, antes de que conscientemente lo supieran.

Incluso algunas mujeres han soñado acertadamente con el sexo de su bebé o con el nombre que le pondrán. Estos sueños suelen mostrar al soñador acompañado de alguien que tiene niños, comúnmente la madre o las hermanas, quienes aparecen haciendo preparativos para la llegada del bebé, como la compra de ropa o juguetes o la decoración de la habitación.

Ya mencioné un ejemplo en el que un adicto en recuperación sueña que se encuentra a su futura hija, y ella le dice que si no se mantiene abstemio, ella nunca volverá a nacer. Yo interpreté este sueño como una verdadera advertencia para el adicto. Por supuesto, la hija por nacer puede representar un lado del soñador que nunca se manifestará si continúa con su adicción, además no veo nada en el sueño o en los comentarios del soñador que desacredite esa conclusión. En este caso, el mensaje es literal.

Los niños en los sueños también pueden representar un aspecto propio más joven o menos maduro. El envejecimiento es visto por los sueños como la suma de varias capas. Lo que podríamos considerar la primera capa, se conoce como el arquetipo del niño divino. Los sueños en los que usted aparece como un niño inspiran alegría o manifiestan algún temor a la vida, a veces con un brillo de inocencia o de espiritualidad a su alrededor. Otras capas son lo que podríamos llamar «niños interiores». Las fases del desarrollo indican las necesidades de su «niño interior», le pueden decir qué se simboliza en un sueño. Los niños pequeños necesitan consuelo y seguridad, los niños en pubertad necesitan orientación y atención, los adolescentes necesitan retos, independencia y seguridad, mientras que los jóvenes necesitan libertad y oportunidades. Cuando surgen estas necesidades en la vida cotidiana, los sueños señalarán dónde se originan.

Como un ejemplo de esto, veamos el próximo sueño:

Mi novio y yo estábamos en la playa, y una niña de tres años, que se supone que es mi hija, está con nosotros (aun-

que en la vida real no tengo hijos). Yo le pido a mi novio
que la cuide, porque tengo que ir a hacer algo con mi ma-
dre. Cuando regreso veo a mi novio, pero mi hija no está y
él me dice que la dejó en la pista de patinaje.

La hija es una parte joven del soñador que depende de su novio para cubrir sus necesidades de comodidad y seguridad.
El novio es una persona de fiar, tanto como para cuidar de su
hija; esto dice mucho acerca de la confianza que la soñadora
tiene en él. Pero el hecho de que él la deje en la pista de patinaje se demuestra que no es tan atento como ella querría que
fuera. La hija de la soñadora es en realidad un niño interior.

COLORES

La forma más simple de entender el uso simbólico del color en
los sueños, es pensar en ellos como una forma de «colorear»
el ambiente del sueño. El color explica con sutileza el estado de ánimo, los pensamientos, percepciones y sentimientos.
Ilumina la imagen. En los sueños, los colores se explican a sí
mismos por sus tonalidades. Para distinguir lo que significa
una tonalidad para usted pregúntese qué le recuerda y cómo
lo hace sentir.

Cada vez que un color sobresalga de entre los demás, des-
críbalo en pocas palabras. Por ejemplo: «el color azul para mí
es tranquilo, reflexivo y profundo». Con esas asociaciones
mentales, podemos imaginarnos cómo se manifestará ese color en el próximo sueño y lograremos combinarlo con otros
símbolos o acciones. Una habitación azul, por ejemplo, podría
simbolizar el lugar en mi mente donde medito o analizo cosas.

El color también se utiliza para mostrar la conexión entre
los elementos de un sueño. Más adelante veremos el ejemplo
de un soñador que toca una guitarra azul y ésta se transforma
en una niña que viste una camisa azul, mostrando que ambos
símbolos están conectados.

Los colores se utilizan en muchas expresiones como: «rojo de coraje» y «verde de envidia», cuando un color se destaca en un sueño también puede buscar juegos de palabras.

Nota: Algunas personas no sueñan a colores. Sin embargo, sus sueños pueden hacer referencia ciertos colores, y conociendo ciertos símbolos podremos comprender mejor las referencias.

Rojo

«Rojo de coraje», es una expresión utilizada para simbolizar un estado de ánimo exaltado. Pero el rojo no es siempre un color que representa enojo. En su forma más esencial, el rojo manifiesta la esencia de la vida, el color de la sangre, la energía humana básica.

El rojo es el color del primer *chakra*, el centro de energía que se ubica en la base de la columna vertebral. Los *chakras* están conectados con el sistema endocrino, son centros del cuerpo donde la energía humana básica se estructura y define. Aprendí acerca de los *chakras* practicando yoga y leyendo a Edgar Cayce, y los menciono aquí porque me parece que el color en los sueños puede relacionarse con ciertos *chakras*.

El color rojo y el primer *chakra* se relacionan con los aspectos básicos de la vida: la salud, la protección, la auto-preservación, la agresión. Sin ellos, los otros colores no tienen ningún fundamento. No se puede ser un pensador azul profundo, si no hay sangre roja bombeando. El significado puede ser literal, como en la expresión «sangre en las venas»; o figurativo como en «sangre caliente». El ánimo y pasión por la vida pueden ser descritas por este color. El rojo entonces, puede simbolizar fuerza de la vida, la pasión o la ira. Para saber cuál de todas estas emociones ese manifiesta, observe cómo funciona en el sueño.

En un ejemplo que revisamos anteriormente, el soñador busca una solución para salvar a un pez moribundo dentro de una pecera, y llama a un amigo para pedirle ayuda. Éste aparece en la escena y come gelatina roja. Ese aspecto parece no estar relacionado con la resolución de su problema, pero simboliza algo que limpia el cuerpo, la pista proporcionada por el color rojo indica que puede tratarse de un alimento esencial. En otro sueño que trata sobre apocalipsis, el planeta se vuelve rojo como la sangre, lo que implica una situación relacionada con la agresión que sufre el soñador.

Anaranjado

Los sueños que utilizan el color naranja suelen estar relacionados con la vida sexual del soñador, la reproducción o la fertilidad, como vimos en el sueño denominado «Cruzando una plataforma» en el cual el soñador viste un suéter de color naranja ajustado. Es el color del segundo *chakra*, que se ubica en el hueso sacro. Alguien que conozco tuvo muchos sueños con objetos y paisajes de color naranja, cuando estaba intentando embarazarse. Otros ejemplos pueden ser soñar que se abre una puerta de color naranja, lo cual implica la introducción a una nueva área de la vida sexual; despegar de un plano de color naranja, puede significar la búsqueda de un amante entusiasta, hacer malabarismo con naranjas ilustra la complejidad de hacer «malabares» para involucrarse en varias relaciones sexuales al mismo tiempo, también la calabaza es un símbolo clásico de la sexualidad o los temas relacionados con el sexo.

Sin embargo, hay que tener en cuenta que una naranja es una fruta y puede representar una alimentación saludable, no sólo sexo. Como de costumbre, la acción cuenta la historia.

Amarillo

El amarillo está asociado físicamente con el plexo solar, la ubicación del tercer *chakra*, relacionado con la fuerza de voluntad y la energía. El brillo solar de color amarillo resplandece en sueños mostrando vitalidad, sin embargo, la falta de energía se muestra con un tono amarillo débil.

Durante depresiones letárgicas, los sueños pueden proyectarse en tonos amarillo pálido, a veces en escenarios institucionales, donde el soñador es controlado por autoridades impersonales. También es común asociar el amarillo con la cobardía, por ejemplo, un hombre es descrito como «amarillo» si es tímido. Algunos cineastas utilizan lentes de color amarillo en las cámaras para transmitir una sensación de aturdimiento o, en el sentido opuesto, utilizan un tono amarillo brillante para manifestar la energía que se puede de un día soleado. El amarillo también puede representar momentos en los que se ejerce un mayor esfuerzo que el normal. Yo sueño casi todas las noches que juego tenis y las pelotas de tenis amarillas brillan intensamente. Con este ejemplo pueden notar la conexión entre el juego, el color, mi capacidad para ejercer la energía y cumplir los objetivos que me propongo. Las personas optimistas a menudo son descritas como «soleados», reconociendo que el amarillo del sol transmite una energía alegre. La conexión se extiende a los alimentos de color amarillo como el plátano que es consumido por los atletas para obtener máxima energía. Cuando estaba más involucrado en los deportes, a menudo soñaba con comer plátanos.

Si el color amarillo ocupa un lugar destacado en un sueño ponga atención a la tonalidad y pregúntese si le recuerda algo.

Verde

Piense en el dicho «verde de envidia», ¿por qué verde? Bueno, éste es el color del cuarto *chakra*, también llamado el *chakra* del corazón, y la envidia es el deseo del corazón de tener la posesión de alguien más. Entonces, no es de extrañarse que el verde sea el color del dinero. Pero hay muchos tonos de verde y diversas formas en las que puede aparecer en los sueños para expresar un significado.

En general, los tonos del color verde expresan un vínculo con la naturaleza, el crecimiento o la vida. Recuerdo haber soñado con un campo verde, y la hierba representó nuevas posibilidades de crecimiento personal.

Durante mis veintitantos años, a una edad en la que la sexualidad y la reproducción ocupaban un lugar primordial en mi mente, las zanahorias con hojas verdes y tupidas aparecieron con frecuencia en mis sueños. En ese momento eran desconcertantes; ahora su significado simbólico es evidente para mí. Por encima emerge una hierba verde y debajo de la tierra crece una raíz de color naranja. Todo esto se asemeja mucho a la reproducción. En la superficie, el color verde representa el deseo del corazón, el crecimiento de la relación y la elección de un compañero. Debajo de la superficie, el color naranja representa el sexo y la reproducción. El deseo sexual surge del segundo *chakra*, representado por el color naranja.

El verde también aparece en variedades de color esmeralda, lo cual suele manifestar buenas señales demostrando que el corazón está cerca de lo que quiere. Sin embargo, conozco ejemplos de otras tonalidades de verde que son demasiado intensas y tienen tonos enfermizos, lo cual es un signo de envidia, deseo ocultos o de dominar el corazón con la razón. También hay tonos de verde enmohecido, que puede implicar decadencia, o el verde de neón que exige atención.

Estos son algunos de los muchos significados que los sueños pueden dar al color verde. Como todos los símbolos, hay que interpretarlos en el contexto.

Azul

El color azul trae a la mente pensamientos profundos, reflexión y, a veces, melancolía o depresión, suele manifestar estados como «nostalgia» o estar «decaído». Tiene una fuerte asociación con el estado de ánimo y la emoción, pero también con el pensamiento y la visión.

Cuando se asocia con los *chakras*, el azul aparece en dos tonos: azul cielo (el quinto *chakra*) y azul índigo (el sexto *chakra*). El quinto *chakra* se centra en la garganta y se vincula con la comunicación y la libre expresión. El sexto *chakra* se centra en la frente y se vincula con el tercer ojo y la iluminación.

En el sueño «Nado con delfines», que analizamos hace ya varias páginas, el soñador describe su inmersión simbólica en el agua como una experiencia estimulante. El sueño podría haber tenido una impresión completamente diferente si el agua hubiera tenido un color marrón o rojo.

El azul, al igual que el resto de los colores, puede aparecer en cualquier parte de un sueño, y está allí por un propósito. Por ejemplo, si un compañero se me aparece en un sueño, vistiendo una camiseta azul grisáceo, debajo de una chaqueta de color amarillo soleado, puedo imaginarme si esa persona está secretamente triste debajo de su aparente optimismo. Si el tono de azul se parece más a un cielo despejado de verano podría ser que esa persona tenga una profusa vida mental, envuelta en una personalidad más brillante.

Violeta

Al violeta se le llama «el color real», porque se asocia con la «corona» o séptimo chakra, que está situado en la parte superior de la cabeza. Simboliza conexión con el espíritu y la mente superior. Reyes y sacerdotes se visten con este color y llevan coronas para mostrar su conexión divina y el derecho a gobernar. Lo cual no quiere decir que si usted sueña que lleva un manto púrpura, sea de la realeza. Cada uno de nosotros, sin embargo, tiene un arquetipo de coordinación, dirección e inspiración interior que tiene el propósito de ordenar y dirigir nuestras vidas. Vestir de color violeta, y aparecer con una corona o sentado detrás de un gran escritorio simboliza al arquetipo del monarca, con el cual se identifica el soñador, a veces de manera obvia, otras veces oscuramente.

Por ejemplo, un hombre sueña que su cocina está en desorden. Las superficies lucen desordenadas y nada está donde se supone que debe estar. Un personaje, quien aparenta ser un cocinero, lleva el sombrero de un chef y se niega a trabajar hasta que esté limpia la cocina, por lo que el soñador se compromete a hacerse cargo de eso. Después, el chef se apresura a pedir la berenjena.

La cocina representa un escenario laboral y, en la vida real, el área de trabajo del soñador es un desastre. Él permi-

tió que su escritorio se convirtiera en un almacén de cientos
de pequeñas cosas que necesitan guardarse u ordenarse; por
lo que la parte creativa de sí mismo no es capaz de trabajar
por tantas distracciones. Para entender el personaje del chef,
piense en lo que ellos usualmente hacen: planificar un menú,
seleccionan los ingredientes, los combinan, cocinar y preparar
lo necesario para el servicio. Ésta es una metáfora fantástica,
relacionada con la profesión del soñador, que es escritor. Para
la redacción de una novela es necesario tener una idea inicial,
lo cual conduce a elaborar notas y hacer una investigación,
después se concibe la historia a través de los personajes y los
detalles de la trama, se realiza la escritura, la edición y, finalmente, la publicación. Es un enorme trabajo que, cuando tiene
éxito, es como un delicioso platillo de literatura.

El significado del chef es un personaje de la mente inconsciente del soñador, éste lleva un *toque blanche*, que es el sombrero
de chef, y que en el sueño simboliza una especie de corona. Otro
detalle es la aparición de la berenjena de profunda tonalidad
púrpura. Ambos rasgos son indicios de que el chef es un jefe
interno del soñador, que se está preparando para trabajar en
un nuevo libro, y la inspiración proviene de la mente elevada,
el séptimo *chakra*. La berenjena simboliza el nuevo libro del
soñador.

A veces los detalles que aparentemente son insignifican-
tes, como la berenjena, proporcionan un significado profundo; pero no se desvíe o detenga analizando cada detalle hasta
el cansancio. Es más importante analizar cómo se siente un
sueño y lo que dice directamente. En el último ejemplo, la conexión es obvia para el soñador, ya que su escritorio es como
una cocina desordenada. El soñador, entiende el significado
de inmediato, se trata de un llamado de atención que suena
fuerte y claro, para limpiar la cocina para que el chef pueda
trabajar. El soñador se compromete a hacerlo porque sabe que
algo en su interior lo distrae.

Blanco

Curiosamente se obtiene la luz blanca cuando todos los colores se reflejan. En sueños el blanco significa pureza, desolación o falta de distinción. A menudo, algunos personajes vestidos de blanco son beneficiosos para el soñador, demuestran conexión espiritual, incluso aspectos sagrados. Sin embargo, he descubierto que paisajes y escenarios blancos implican esterilidad, un signo de ausencia de algo importante en la vida del soñador (a menos que el paisaje sea blanco por una especie de luz divina). La nieve o un sitio desolado y congelado son los temas más frecuentes en los sueños que se relacionan con una depresión profunda. La falta de color es la forma en la que un sueño expresa la necesidad de una mayor vitalidad o vivacidad.
 El blanco también puede representar algo indistinto, como en el sueño «Una figura blanca en la puerta principal», donde no se representa a una persona real o a una parte del soñador, sino a una sensación molesta que trata de llamar su atención. En «Tormenta de nieve» un caballo blanco da señales de que el inconsciente ha enviado un medio, para que el soñador escape de un período de depresión, simbolizado por la tormenta de nieve. Estos son ejemplos de dos significados opuestos simbolizados por un color.

Negro

La luz negra absorbe todos los colores y, como tal, tiene muchos posibles significados cuando aparece en sueños. Por lo general, simboliza el misterio o lo desconocido, pero con frecuencia se asocia con la sombra de una persona. Dos personajes de color negro en mis sueños simbolizan dos partes muy diferentes de mí mismo. En el primer sueño bateo contra un lanzador de béisbol que viste como los hombres de los ritos vudú, con la piel muy oscura y su cuerpo está cubierto por pieles de animales y plumas. Él hace un lanzamiento malévolo que me golpea. Me dirigí hacia el árbitro para pedir ayuda, pero él sólo se encoge de hombros. Ese sueño manifestó una parte sombría de mí mismo que se originó en una experiencia pasada de la infancia, frente a lo injusto que puede ser el mundo de los adultos. En mi joven mente tenía que lidiar con frases como: «Así es, las personas no siempre son justas» y «a veces los demás toman lo que consideran que es suyo y nadie te va a ayudar a recuperarlo». En mis sueños, el lanzador lanzaba las pelotas de una forma que desafiaban las leyes de la física, lo cual simboliza, en mi caso, que yo estaba lidiando con sentimientos de ser tratado injustamente.

En un segundo sueño hablé con Barack Obama sobre política. Sentí su autoridad y seguí sus instrucciones porque él es el presidente. Obama en ese sueño, simbolizaba mi arquetipo de monarca. Negro también puede expresar algo desconocido o misterioso, por influencia de la oscuridad que hay en el espacio exterior o el negro de la noche. Ambos son lugares de misterio. «Ennegrecido» es un término fuerte con posibilidades de describir situaciones explosivas o crepitantes, otro ejemplo es la expresión «mercado negro» que implica actividades ilícitas o encubiertas. Por último, el negro se asocia con la muerte.

MUERTE

Los sueños de muerte suelen ser angustiantes, incluso puede que el soñador piense que su final se acerca. Pero soñar con la muerte tiene una variedad de interpretaciones y sólo una implica la muerte física. Para interpretar la muerte en un sueño busque más allá de las definiciones literales, por ejemplo, ha sentido usted que puede «morir» de la vergüenza.

Los sueños de muerte suelen ser preocupantes pero, si son aceptados, en realidad están destinados a reducir la incertidumbre. Algún día, su corazón dejará de latir, eso es un hecho y, por supuesto, sus sueños lo van a preparar para este momento. Cuando usted acepte la muerte en un sueño tendrá el poder para vivir una vida más plena o morir tranquilamente.

Las historias de los sueños advierten al soñador sobre el peligro inminente en la vida real, por lo que es natural preguntarse si un sueño relacionado con la muerte o una tragedia es profético. Lo más previsible es que no tenga nada de ver. Una vez un hombre me preguntó ansioso sobre un sueño en el que murió en un accidente aéreo. A la mañana siguiente estaba programado para tomar un vuelo y se preguntó si debería cancelarlo. Sin embargo, yo consideré que el accidente de avión simbolizaba algo relacionado con el miedo a volar o con sentimientos de su vida personal «estrellándose». No sé si él decidió tomar el vuelo, pero revisé las noticias y no hubo vuelos comerciales que se hayan accidentado el día que el soñador volaría.

A menos de que existan otros indicios que le indiquen que un sueño es una advertencia literal, por ejemplo si el avión o el número de vuelo coinciden con la realidad; pero si nada es literal, sólo deberá ser interpretado como algo simbólico.

La muerte en los sueños puede simbolizar la pérdida o el final de algo, por ejemplo, el final de una relación, terminar con la influencia de alguien o concluir una fase de su vida. He conocido a estudiantes universitarios que sueñan con un padre moribundo, porque eso es lo que se siente al dejar el nido. Las separaciones o rupturas de pareja pueden sentirse como una pequeña muerte, especialmente cuando involucran a alguien que alguna vez fue muy cercano. Éste es un sueño que ilustra la comparación:

> *Un amigo me llama y me dice que mi ex novio de la secundaria ha muerto. Lo siento por él, pero me doy cuenta de que realmente ya no siento nada romántico por él.*

Cuando una relación termina suele decirse que «murió», y cuando nos referimos a sentimientos que perduran, solemos decir que «morirán lentamente». El ex novio de la soñadora no murió ni está a punto de morir, pero los sentimientos que la soñadora tenía

por él, finalmente terminaron. Ella lo ha superado totalmente.
 Anteriormente en el sueño «Mamá se suicida durante el apocalipsis» el soñador ve a su madre suicidándose en una especie de apocalipsis, lo cual implica una amenaza que podría «matar» la relación entre madre e hijo. El soñador estaba involucrado en drogas y su sueño le advirtió que su relación iba a cambiar de manera esencial. En el sueño «El espectáculo mortal» el padre del soñador aparece muerto para decir que la hermana del soñador ha tenido relaciones sexuales antes del matrimonio y eso es algo que él les enseñó a evitar.

A veces, en cierto sentido de la palabra, pasamos por cambios que se pueden comparar con la muerte. La transición de la niñez a la edad adulta implica el «fallecimiento» de la inmadurez de uno mismo. Un estudiante universitario fiestero podría soñar con la muerte al entrar al mundo profesional, porque las restricciones de tiempo y de oportunidades implican que el joven que se va de fiesta «tiene que morir», y si se resiste a ello podría tener conflictos con su trabajo. Cuando vemos partes de nosotros mismos muriendo, a menudo suele ser una buena señal: ¡fuera lo viejo y adelante con lo nuevo!

Los sueños sobre animales que mueren pueden relacionarse con partes de usted mismo que tienen alguna semejanza con el animal, que está en peligro de morir o de alejarse. Este sueño utiliza esa clase de simbolismo:

> *Estoy en la alberca de un hotel, y encontré a tres gatitos en el agua que parecen estar muertos. Me doy cuenta que uno aún está vivo y trato de salvarlo.*

Los gatitos son vistos por este soñador como criaturas inocentes y juguetonas, así que con estas asociaciones tenemos una idea de lo que puede significar este sueño: la «muerte de algo inocente o lúdico» en sí mismo. El escenario del hotel indica que él está en transición, está cambiando. La piscina es un símbolo de su mente inconsciente. Todo lo que está flotando suele ser consciente, todo lo que está debajo es inconsciente. Al hablar con él, comprendo que es un adolescente que padece mucho estrés, porque está tratando de adaptarse a su grupo de compañeros. Ser inocente y juguetón en ese grupo significa que los demás no harán más que atorméntarlo y aprovecharse de él, por lo cual esos aspectos deben irse a la clandestinidad, «bajo el agua». En cierto sentido, mueren. Sin embargo, su reacción de tratar de salvar a uno de los gatitos, muestra que el soñador no está dispuesto a dejar a un lado todas esas partes de sí mismo. Podría haber reaccionado de otra forma y dejar ahogarse al último gatito, lo cual simbolizaría realizar un esfuerzo para no hacer nada inocente o travieso, para desaparecer algo de sí mismo. Sin embargo, el soñador no lo hizo.

Las interpretaciones simbólicas de la muerte deben ser consideradas en primer lugar pero, a veces, los sueños nos dan avisos precisos sobre la muerte. Justo antes de que Abraham Lincoln fuera asesinado, soñó viéndose a sí mismo en un ataúd, muerto, en la Casa Blanca. El boxeador Sugar Ray Robinson soñó, antes de una pelea, que mataba accidentalmente a su oponente. Él quería retirarse de la pelea, pero alguien lo convenció de que era «sólo un sueño», no obstante él mató a su contrincante.

Los sueños con interpretaciones literales son mucho menos comunes que los sueños con interpretaciones simbólicas, y se reconocen las diferencias entre ambos porque no existen aspectos simbólicos. Si yo hubiera sido quien aconsejó a Sugar Ray sobre su sueño, me gustaría comenzar preguntándole: ¿quieres matar a tu oponente?, ¿tienes la fuerza necesaria como para matarlo?, ¿hay celos y envidia entre ustedes?, ¿tienes miedo de que matar a un oponente sea una posibilidad real? En este último caso, el sueño se puede interpretar como el miedo que debe enfrentarse. Sugar Ray podría dudar en «ir a matar», lo cual haría de él un boxeador menos eficaz.

Descartando esas interpretaciones, me pregunto si Robinson estaba pensando en la cantidad de dinero que iba a ganar, en caso de ganar la pelea o de perderla. También me pregunto si se vio a sí mismo en el otro boxeador y éste era, en cierto sentido, la lucha consigo mismo. Las personas reaccionan fuertemente a las cualidades de otros, que son similares a sus propios lados oscuros. Podría haber una razón muy personal detrás del sueño, ligada a la percepción de Robinson sobre sí mismo y su oponente.

Pero ya sabemos cómo termina esta historia. Si planteo todo tipo de posibilidades y nada resuena en la mente del soñador, sería necesario considerar la interpretación literal.

También es común a soñar con los seres queridos que han fallecido. El objetivo es superar duelo y procesar la pérdida. Aunque a veces, estos sueños pueden facilitar el contacto con sus personas amadas en una próxima vida, trabajando a través de cuestiones personales y después abriendo líneas de comunicación.

La idea de que la conciencia continúa después de la muerte física suele ser aceptada en el campo de los sueños. Pero la interpretación de un sueño relacionado con la muerte es difícil, sobre todo si se involucran emociones fuertes como el duelo. Los sueños son capaces de satisfacer los deseos, y si algo se ansía fuertemente, como ver otra vez a un ser amado ya fallecido, es probable que éste aparezca durante un sueño.

Sólo se debe considerar que hay un contacto real entre las almas una vez que se han descartado otras interpretaciones. Si usted desea saber más sobre esto, consulte el libro de los sueños de Elsie Sechrist, *Your magic mirror*. Tiene grandes ideas y aborda con perspicacia casos bien documentados en los que se ha establecido algún contacto entre los vivos y muertos.

Como se puede ver en estos ejemplos, la muerte suele ser una representación simbólica y no una advertencia real. La diferencia se intuye al hacer asociaciones con los aspectos del sueño: los escenarios, personajes, símbolos, acciones, sus sentimientos y reacciones.

Consejo

No hay nada que temer, incluso si un sueño predice la muerte, casi siempre es probable que se trate de un asunto de su vida real que necesita atención.

DROGAS

Siguiendo la regla de considerar siempre lo obvio, las drogas en un sueño pueden simbolizar algo sobre el consumo de estupefacientes. Sin embargo, las personas que nunca han consumido drogas pueden soñar con ellas; esa discrepancia siempre indicará que se trata de un símbolo. Incluso, para las personas que utilizan regularmente drogas recreativas, sus sueños relacionados con éstas son a menudo simbólicos.

Para interpretar los simbolismos piense en las percepciones comunes de los efectos que tienen las drogas. Las drogas, usualmente modifican la conducta de una persona en forma perjudicial. Son adictivas. Los consumidores frecuentes buscan huir de la realidad. Y nuestro inconsciente nos dice que no lo hagamos.

Por otro lado, las drogas también funcionan como catalizadores para tener nuevas experiencias y este significado aparece con frecuencia en los sueños. En este sentido, consumir drogas en los sueños es una forma de contar una historia acerca de nuevas experiencias, diferentes formas de ver el mundo, nuevas perspectivas de lo que usted es. Si usted tomara LSD, hongos o cualquier otra cosa, de repente verá el mundo de modo muy diferente. La experiencia es comparable a cualquier cosa que altere su visión de la realidad.

Igual que con todos los símbolos la acción cuenta la historia. Por ejemplo, si usted sueña que toma LSD y después viaja en una nave espacial, explorando el universo, ésta es una fuerte señal de que una nueva experiencia o descubrimiento es el tema del sueño. Sin embargo, si usa la droga y de repente se encuentra en una alcantarilla o rodeado de personajes amenazantes, tiene una señal de que el sueño es acerca de las consecuencias o del entorno relacionado con las drogas.

Por supuesto, los adictos a drogas soñarán con sus hábitos o problemas. Muchos de esos sueños, implican la compra o la manipulación de la droga. En un sueño que vimos con anterioridad, la compra de cannabis se comparó con comprar fruta en el desierto. Los sueños también pueden demostrar lo que el soñador siente cuando consume drogas o su impacto en la vida cotidiana: las emociones, los sentimientos, los costos, la situación de vida, las relaciones y la propia imagen. El consumo de drogas puede sentirse como una montaña rusa o un paseo en globo de aire caliente. Las personas adictas a las drogas o alcohol, frecuentemente sueñan con monstruos, con miembros de la familia perjudicados por su adicción, con policías o en otras situaciones que no se pueden controlar. Una adicción puede ser un verdadero monstruo y los policías pueden representar fuerzas que tratan de detenerlo, ambas son fuerzas que se oponen dentro o fuera del soñador.

Volar y caer

Si vuela en un transporte o con su propio poder en un sueño, ese símbolo está probablemente relacionado con tener un destino o un objetivo en mente. Usted, quiere ir a algún lugar, probarse a sí mismo o tal vez quiere experimentar algo estimulante. La acción que se desarrolle en el sueño será la que defina el significado.

Un despegue estimulante podría significar que su vida se está elevando. Quizá una nueva oportunidad, trabajo o relación puede hacer que usted se sienta así. El sexo y otras emociones también pueden sentirse como volar o despegar. Conducir un avión es como dirigir su vida, especialmente su vida mental, porque se dice que los pensamientos «se elevan» y el intelecto está transportándose a un nivel superior. El aterrizaje de un avión podría describir que el concluye algo o que las ideas de altos vuelos «aterrizan». Cambiar el curso de una aeronave (u otro transporte aéreo) podría simbolizar que usted está llevando su vida a una nueva dirección. Saltar de una aeronave puede interpretarse como abandonar ciertos planes o desviarse de un propósito.

Volar con sus propios poderes puede estar relacionado con las pruebas que usted enfrenta, lo que es capaz de hacer, o sentir plena confianza en sí mismo. Los superhéroes vuelan y no están limitados por las fuerzas mortales, por lo que volar puede asociarse con desafiar los límites o superar obstáculos. Tenga en mente que mientras más alto vuela, más debe vincularse con la tierra. Además volar en un sueño puede tener otras interpretaciones como separación o distanciamiento. Volar en general se asocia con una sensación de libertad y de posibilidades abiertas donde «el cielo es el límite».

Por otro lado, las caídas en los sueños tienen connotaciones de que su vida no va a donde usted quisiera ir. Tuve sueños de caídas, hasta que una noche me golpeé con el suelo firme, lo cual representó «tocar fondo» en mi vida personal. Esto aparece muy a menudo de forma simbólica. Caerse también puede ser la metáfora de que algo se está «desmoronando». Una pareja de repente se separa y alguno de los cónyuges se siente como en caída libre. Un aviso de despido en el trabajo puede desplomar a cualquiera. Cuando se trata de describir alguna situación, se utilizan algunas frases para describir estas circunstancias y realmente dan en el blanco, como «caer en cuenta», que describe una sensación diferente de caer, sin embargo, representa vívidamente lo que la persona está experimentando, como toparse de repente con algo que no esperaba. Sus sentimientos le dirán lo que significan las metáforas en sus propios sueños.

Ex parejas

Los sueños sobre antiguas parejas implican situaciones de antaño no resueltas que están listas para solucionarse. Algo del presente desencadena un recordatorio para hacerlo. Por ejemplo, si su anterior pareja era un vividor o un mentiroso y se encuentra en la misma situación de nuevo con otra pareja, sus sueños vincularán el pasado y el presente, haciendo que sueñe con su ex pareja para demostrarle lo que está pasando con la persona que ahora está en su vida.

Lo cual no significa que la situación actual sea idéntica, pero es una reiteración del pasado. Los sueños muestran las similitudes entre el ahora y el antes, y sirven para evitar la repetición de errores.

Gran cantidad de personas que fueron engañadas tienen este tipo de sueños, después de involucrarse en una nueva relación, meses o años más tarde, sueñan con su ex pareja. Comienzan a sentir miedo a ser engañados de nuevo y sueñan con esto a través de una referencia de pasada. El siguiente sueño es un ejemplo en el que se vincula una relación actual con una anterior.

> Es el día de mi boda y todos los que conozco están presentes. Estoy a punto de caminar por el pasillo, cuando mi ex novio irrumpe a través de las puertas y dice que está ahí para rescatarme.

Resulta obvio que el soñador quiere ser rescatado de cometer un gran error. En la vida real, el soñador está a punto de casarse, por lo que soñar con su ex novio irrumpiendo para «salvarlo» es un mensaje inequívoco. El soñador considera que está a punto de casarse con la persona equivocada. Tal vez su corazón aún permanece enamorado de su ex novio o el soñador quiere una relación como la que tenía y sabe que no va a conseguirla con su pareja actual.

El siguiente ejemplo también involucra a una ex pareja.

Cortando vínculos con mi ex

> Estoy en un restaurante y mi ex aparece en mi mesa. Entro a un cuarto contiguo lleno hasta el tope de cajas de aceite

de oliva, televisores y juguetes. Quiero tomar un poco de aceite de oliva, pero una camarera me dice que no puedo. Regreso a la zona de comedor. Mi ex ahora está sentado con otro hombre, trabajando en un contrato. Me dicen que las cosas están funcionando. Vuelvo a nuestra antigua casa y busco para ver si hay lo que quiero, pero no lo hay, así que me voy.

Muchas cosas se pueden perder en las relaciones, a veces pertenencias materiales, pero también rasgos del corazón y la mente. Creo que estos aspectos están simbolizados en el sueño a través del aceite de oliva, los televisores y los juguetes que están apilados en el cuarto contiguo al restaurante. La acción de ir y tomar cosas para conservarlas es comparable a la de salir de una relación, pero llevarse las cosas que usted desea conservar. Por ejemplo, algunas parejas invierten una cantidad significativa de tiempo viendo programas de televisión juntos, y esa actividad se convirtió en el centro de la relación. Después de que termina su relación, ver la televisión es un recordatorio de la ex pareja. Si en el sueño el soñador desea llevarse una televisión significa que todavía tiene sentimientos que no está dispuesto a dejar atrás.

Los juguetes pueden representar el punto de vista del soñador, que considera que la relación pasada es «infantil». También puede simbolizar que el soñador está «jugando» con una nueva idea o un nuevo enfoque acerca de las relaciones románticas. El aceite de oliva, simboliza un aspecto de la relación que se quiere conservar, pero no puede hacerlo. Tal vez sea algo relacionado con la alimentación o la cultura italiana. El contrato y el mensaje, de que «las cosas están funcionando», son signos que le dicen al soñador que la relación puede descansar definitivamente. El hecho de reunirse con el soñador en un restaurante, expresa que el soñador está eligiendo negociar y terminar con la influencia de su ex pareja.

Las ex parejas aparecen en los sueños para que el soñador trabaje con los conflictos de sus relaciones actuales. Los sueños casi siempre abordan las situaciones ocurridas a partir de los últimos dos días, así que si usted sueña con un ex, conéctelo con el presente, ¿hay algo en relación actual que le recuerde a su ex pareja?, ¿está usted procesando viejos sentimientos?, ¿hay algo de lo que se arrepienta?, ¿es difícil dejar ir a su antigua pareja?, ¿está listo para intentarlo de nuevo o duda porque siente algo que no está totalmente resuelto? Éstas son algunas preguntas que debe hacerse cuando sueñe con una antigua pareja.

Consejo

Los personajes de un sueño, que son ex parejas románticas también aparecen sustituyendo algún detalle de la antigua relación, así que analice ese momento de su vida y busque pistas sobre su significado. Por ejemplo, digamos que usted salió con alguien hace mucho tiempo, cuando trabajaron juntos en una institución como la ONU y esa persona aparece en sus sueños. Si no hay nada acerca de la relación que haya quedado sin resolver o que se vincule con su situación actual, debe indagar sobre lo que representa esa institución para usted. Podría significar que se ha perdido el sentido o el propósito que tenía, los ideales, el compromiso o incluso una oportunidad de vivir en el extranjero.

MATRIMONIO

En los sueños, el matrimonio puede simbolizar un «compromiso» o la unión de la mente consciente con su contraparte, el inconsciente. A esto se le conoce como «el matrimonio del alma». Si la terminología le desagrada, sólo piense en una unión entre las partes del psique. Esto es el resultado de un largo proceso que consiste en atraer los dos opuestos y parece ser la razón más profunda para soñar. De hecho, los sueños sobre el matrimonio suelen ser comunes en las personas que han avanzado o están en trabajando con su ánima o ánimus.

El sueño tiene ciertas funciones biológicas, fisiológicas y neurológicas, sin embargo, su objetivo principal es psicológico: para preparar una unión entre el consciente y el inconsciente, pero observe las acciones que ocurren en el sueño antes de pensar en esa conclusión. Si el matrimonio es con un personaje del sueño que le recuerda a su ánima o ánimus, eso apoya la idea de la unión en la psique. Si el matrimonio es con alguien que usted desprecia, el sueño implica algo completamente distinto. Un sueño que cuenta la historia de un matrimonio de conveniencia muestra un complejo psicológico que se arraiga. Para la gente que está considerando o planeando un matrimonio es probable que este tipo de sueños representen cuestiones relacionadas a sus pensamientos o sentimientos. Anteriormente, analizamos un sueño en el que el ex novio irrumpe en el último momento para rescatar a la soñadora; ese específico caso no tiene nada que ver con unión entre el consciente y el inconsciente, sino que expresa que hay que prevenir un grave error. Ese sueño habla de una decisión sobre el matrimonio, no de un vínculo simbólico.

Parte de la función holográfica de los sueños es hacer simulaciones realistas (o ensayos generales) útiles para preguntar: «¿qué pasaría si…?». Si tiene sueños sobre un matrimonio inminente en la vida real, pregúntese: «¿De verdad seré feliz, si me caso con esa persona?, ¿funcionará?, ¿esto es lo que quiero?»

Si usted está casado puede aprender algo de su cónyuge y de su relación a través de sus sueños. Amplifique la idea del matrimonio y más posibilidades entrarán en juego. Suele decirse que algunas personas, están «casados» con sus profesiones, expresando la idea de que todo aquello que requiera de un gran compromiso, puede ser comparado con el matrimonio. También piense en posibilidades más curiosas. Si sueña con caminar hacia el altar con su mascota, podríamos decir que de alguna manera se siente comprometido con ella, sobre todo si la mascota duerme en su cama… En un ejemplo que revisamos anteriormente en la sección de «Personajes famosos», (pág. 54) la conductora de televisión Rachel Maddow le hace una propuesta a de matrimonio en televisión abierta al soñador. El matrimonio en este caso simboliza asumir compromisos por causas sociales.

OCÉANO Y AGUA

Mucho antes de que los seres humanos comenzaran a comprender la inmensidad del universo, tuvimos el océano para representar lo enorme, misterioso y poderoso. Los océanos aparecen en los sueños para simbolizar a la mente inconsciente, que también es enorme, misteriosa y poderosa. En comparación, el individuo es un barco que flota encima de un enorme cuerpo de agua, un «yo» que navega en la superficie de la mente, que tiene una profundidad infinita. Por esta razón, la terapia de Jung, basada en los sueños, a veces es llamada «profundidad psicológica». Los sueños muestran la analogía de un barco en el océano, para describir la relación entre las partes conscientes e inconscientes de la mente. Los sueños donde se observa un «mar en calma» y en los que todo va «viento en popa», describen una buena relación entre las dos partes. Por otro lado, el «mar embravecido» o los barcos hundidos son signos de problemas.

He analizado los sueños en los que se representa un furioso océano que provoca inundaciones en la costa, esto es una señal de que el inconsciente, la memoria y la emoción están fluyendo en la vida real. En lo personal, he tenido sueños en los que el océano retrocede; esto simbolizan que la conciencia está en expansión y busca regresar a la orilla, una vez había estado «bajo el agua», es decir cuando la conciencia ha estado sumergida en el inconsciente.

Los muelles son símbolos similares porque suelen describir que la conciencia regresa de las profundidades de la mente inconsciente para traer nuevas partes de usted mismo a la superficie.

Si sueña con el océano, pregúntese si se trata de una comparación con lo que siente, o si algo externo está pasando en su vida. Analice los detalles del agua, si es profunda o superficial, si está en calma o es tempestuosa, si es clara o turbia; estos aspectos pueden describir sentimientos o los matices de una relación. También busque figuras retóricas como «salir a respirar», o «viento en popa». El agua en los sueños puede referirse al inconsciente, pero antes de llegar a estas conclusiones, preste atención al contexto y la acción. Si el agua está hirviendo, el sueño no podría estar refiriéndose a la mente inconsciente. La metáfora del agua caliente puede representar un estado emocional irritable o enojado. Por otro lado, la gente suele soñar con tomar una agradable ducha o dar u chapuzón, lo que implica una exploración suave y controlada de sus profundidades internas. La analogía en la cual el agua es útil para la autoexploración aparece en el sueño «Nado con delfines» (pág. 73).

La orilla del mar o de la playa, representa el lugar donde las partes conscientes e inconscientes de la mente se encuentran, a menudo como símbolo de que la información de la mente inconsciente está siendo comunicada en un sueño. El agua en los sueños, también puede simbolizar las emociones o sentimientos, así que pregúntese a sí mismo, si el agua en su sueño es comparable con algo que experimentó un par de días antes, preste especial atención a la acción. Las emociones abrumadoras pueden compararse con una inundación. En el sueño «Volcán en erupción» (pág. 126) se simboliza la ira contenida que finalmente explota el agua que se precipita simboliza las emociones irritadas.

Una pistola de agua puede ser un símbolo de emociones infantiles proyectándose. Estar empapado con agua en un sueño puede expresar lo que se siente cuando alguien descarga emociones fuertes usted, o cuando siente que «le llueve sobre mojado». El agua también puede representar el «agua de la vida» el desarrollo personal o espiritual, sobre todo si el agua fluye de un manantial o fuente o si se bebe de manera especial, por ejemplo, desde las manos de un sacerdote o diosa. Como siempre, hay que tener en cuenta que los sueños pueden ser literales; existe la posibilidad de que el agua en un sueño simbolice la necesidad de hidratación, el baño, la limpieza su cuerpo o del ego de emociones negativas o altanería.

VIOLACIÓN

Las violaciones, como tema en los sueños aparecen comúnmente en las mujeres jóvenes, pero puede manifestarse en los sueños de cualquier persona sin importar la edad o el sexo. Para entender su significado es necesario pensar en otras acepciones. En cierto sentido ser violado es ser humillado. En el sueño «Violación en la gasolinera» (pág. 88), una mujer es violada por un hombre desagradable con quien se topó el día anterior. No necesitamos saber nada de la gasolinera, ya que ese fue el escenario real donde tuvo lugar el encuentro. Mientras llenaba su tanque de gasolina otro conductor golpeó su auto de una manera humillante, por lo cual su sueño detonó la desagradable sensación, comparándola con una violación. En otro sentido, ser violado es ser dominado. He oído el término en deportes y videojuegos para describir cuando un competidor le gana a otro de forma avasalladora. «Violar» también se utiliza como una metáfora de tomar ventaja de algo o alguien de forma egoísta y destructiva como en la expresión «violar los derechos humanos».

La violación y la violencia sexual pueden expresar los sentimientos del soñador de ser forzado, utilizado u obligado. Externamente, la coerción podría suceder cuando el soñador se enfrenta a un agresor, a un cónyuge, un padre, o a cualquier situación que lo oprima. Internamente, la coerción ocurre cuando somos conformistas con nosotros mismos, cuando nos presionamos demasiado, o cuando rechazadas u ocultamos aspectos de nosotros mismos. Cualquier cosa forzada puede hacernos sentir de esta manera. Sin embargo, las imposiciones no siempre son evidentes, a veces nos obligamos a nosotros mismos a hacer algo, porque no puede ser de otra manera o porque seremos recompensados por hacerlo. Las mujeres que usan su atractivo sexual para manipular o que se ajustan a las normas morales a costa de vivir plenamente su sexualidad pueden soñar con violencia y con violaciones como una forma de expresar simbólicamente cómo se sienten. Los hombres que ignoran sus necesidades personales y trabajan hasta el cansancio tratando de mantener a sus familias, desean demostrar ambición y satisfacerse con la idea de que son «hombres de verdad» por lo que a, veces, sus sueños pueden presentar una proyección de sí mismos siendo violados.

Para alguien que realmente ha sido violado, soñar con su atacante es una forma de procesar el evento. Si el soñador puede superar el miedo y actuar en defensa propia, es una manera de vencerlo inconscientemente.

RELACIONES

Las relaciones humanas tienen que ver con los niveles más profundos de los seres humanos, especialmente si se trata de relaciones amorosas. Los sueños relacionados con cualquier tipo de relación o vínculo, por lo general, implican viajar, conducir vehículo, alojarse en un sitio o reunirse. En estos sueños, las acciones y los símbolos cuentan una historia sobre la relación, hacia dónde se dirige, cómo son los sentimientos de quien sueña, cuál es la verdadera naturaleza de la persona, cuál es su posición social y otras evaluaciones de todos los ámbitos. He aquí un ejemplo:

Mi nuevo novio

Llevo a mi nuevo novio, a conocer a mis amigos a un buen restaurante, y cuando habla me doy cuenta de que algunos

de sus dientes frontales no están. Esto me toma por sorpresa
y siento que podría morir de la vergüenza… Mi novio tiene
todos los dientes, ¡lo he comprobado!

El escenario del restaurante se proclama a sí mismo como un
sueño en el que se tienen varias opciones. La presencia de los
amigos indica, en un sentido, que el soñador quiere saber si
su novio encaja. Los dientes que le faltan hablan del estatus
social; alguien sin dientes probablemente no tenga el nivel
económico necesario para tener un cuidado dental adecuado.

Mientras que los dientes en los sueños pueden tener muchos significados (Vea la «Guía de símbolos», pág. 177) la
reacción del soñador es más reveladora: le da vergüenza. La
soñadora asegura que ha revisado los dientes de su nuevo novio, lo que quiere es que él parece tener ciertos antecedentes,
educación y otros aspectos que cumplen con sus expectativas.
Pero, al agregar las opiniones de sus amigos a la ecuación, él
ya no está a la altura. El sueño está expresando un miedo de
que su novio no será aceptado por sus amigos, o quizás manifiesta que ella ha notado algo desagradable acerca de él, pero
inconscientemente lo ignora. Por otro lado, los dientes pueden
estar relacionados con lo que se dice, por lo que los dientes
perdidos simbolizan que su novio hace comentarios que no
serán bien vistos ante los ojos de sus amigos. En cualquier
caso, es una señal de problemas para la relación.

Los sueños tienen varias maneras de describir perspectivas
oscuras de una relación o un vínculo emocional:

Estoy fuera de la ciudad, en un pequeño lago, arriba de un
bote de remos y mi novia está cerca en un barco parecido.
En mi bote hay una filtración y empieza a entrar el agua,
así que me subo al barco de ella y empezamos a alejarnos.
Un tipo en la costa está vendiendo globos. Compro algunos
globos y se los doy a mi novia.

La acción del sueño, que es la filtración de agua en su bote y el hecho de que el soñador se vaya a la barca de su novia, indica que la vida del soñador se estaba hundiendo cuando comenzó la relación con su novia. Lo primero que podría significar es que el soñador dejó otra relación justo antes de la actual, pero no hay nadie con él en el barco que se hunde, no se ve a ninguna ex novia en lo absoluto, así que es posible que el hundimiento se relacione con una sensación de fracaso. Tal vez el soñador considera que su relación actual no llegará muy lejos, o que en su vida se ha abierto una grieta o algo similar.

Los globos también cuentan la historia de la perspectiva de su relación actual, la cual no es buena. Los globos de helio se elevan, por el gas artificial que contienen, y si el gas sale, los globos descienden, esto podría representar la forma en la que se «desinfla» una relación. Por lo que darle globos a su novia nos dice que el soñador inconscientemente reconoce lo inevitable.

Si tiene algún interés en analizar el tema del amor dentro de sus sueños, puede tener por seguro que su mente está explorando sus sentimientos o evaluando sus posibilidades, incluso dando consejos sobre cómo proceder. He analizado sueños que expresan de manera muy directa que una persona tiene un interés en el soñador, incluso cuando éste no se ha percatado de cualquier atracción. Tal vez la persona estaba emitiendo una vibración y usted no la percibió, pero es posible que su inconsciente lo note y entonces usted sueñe con esa persona. También he visto casos en los que los sueños le advierten al soñador que la otra persona no tiene ningún interés en él. Estoy trabajando específicamente con las relaciones romántico – amorosas, pero el mismo proceso de interpretación se aplica a cualquier interacción o vínculo con personas conocidas en los sueños: la familia, los amigos, los compañeros de trabajo, cualquier persona que usted conozca.

El próximo ejemplo cuenta la historia desde la perspectiva de un estudiante universitario sobre una nueva relación romántica.

Paso frente a una amiga mía, en la biblioteca. En la vida real estoy confundido porque no sé si ella me gusta o no. Accidentalmente, entro al baño de las chicas y me bajo los pantalones, dejando al descubierto mi pene, pero noto que no estoy en el baño de hombres y rápidamente me subo los pantalones y salgo con calma. La gente se empieza a asustar, escucho a varias chicas criticándome. Voy al baño de hombres y muchas chicas me siguen y me observan mientras me lavo las manos. Yo las regaño y les digo que fue un accidente y que están exagerando. La amiga que vi en la biblioteca entra y dice: «Quiero preguntarte algo sobre tu amigo». Le grito que salga, junto con todos los demás, y que no regrese.

El sueño se revela en la escena inicial: la relación del soñador con una amiga, de interés romántico. Una biblioteca es un lugar para obtener información, y el soñador quiere saber cuál es el interés que tiene por su amiga, por lo que va a la biblioteca para averiguar. Al principio, es posible notar la autopercepción del soñador, cuando entra en el baño de mujeres y se baja los pantalones. Interpreto esta acción como una expresión de ansiedad relacionada con la potencia sexual, lo que es una preocupación central entre los chicos de su edad.

Aunque quizá se trata de la incertidumbre hacia su amiga, la que lo está cuestionando. Tal vez se siente expuesto porque ha expresado interés, pero la chica no lo ha hecho.

Originalmente, el soñador informó que lavaba sus pantalones en el baño de hombres, no sus manos, pero luego se corrigió. Consideré que podría ser un lapso freudiano, ya que lavar los pantalones puede simbolizar limpiar las autopercepciones negativas relacionadas con esa zona del cuerpo, pero, «lavarse las manos» significa haber terminado de hacer algo. Relacionando esta idea con el inicio del sueño, considero que el soñador siente que su relación con la amiga de la biblioteca no vale la pena por el problema que le causó, y él quiere «lavarse las manos» de ella, pero sus sentimientos son públicos y sus compañeros de clase están involucrados. Esta interpretación se refuerza por la irritada reacción que tiene el soñador cuando las chicas lo siguen al baño de hombres, diciendo rumores y chismes, especialmente por su reacción hacia su amiga cuando ella le hace una pregunta. La hostilidad del soñador revela la aversión que tiene con respecto a las relaciones amorosas. Durante la interpretación, el soñador compartió sentirse harto de la inmadurez de las citas, los chismes y la manipulación mental. Mi conjetura es que la búsqueda de una relación con su amiga no vale la pena, sin embargo, cuando ella llega al baño es un momento que requiere un análisis más detenido. Ella apareció en su sueño por una razón especial, tal vez para decir que ella podría ser una mejor compañía para este tipo de encuentros.

Por otra parte, los sueños que manifiestan signos positivos para una relación romántico – amorosa, exponen al soñador junto con la persona de su interés pasándola bien, interactuando de manera natural. Las buenas sensaciones que acompañan a estos sueños son indicaciones de la química, pero no confíe demasiado. Si usted sueña continuamente con alguien, hágale preguntas en sus sueños. Esta es una señal de que hay una conquista, aunque no sea la manera más romántica.

SEXO

Para todos aquellos que han leído este libro sólo para llegar a los sueños sexuales, están punto de decepcionarse. No tengo ejemplos gráficos, excepto uno que no termina de la manera que usted esperaría. De hecho, el sexo en los sueños a menudo describe algo más que erotismo y sexualidad. En algunos sueños lo que ves es lo que obtienes, por lo que los sueños de sexo pueden expresar el deseo de un encuentro en la vida real, con la persona soñada, o un encuentro en general. Si la pareja sexual es desconocida, pregúntese si el personaje del sueño le recuerda a alguien. La aparición de personajes suplentes sirve para desarrollar la trama de los sueños sin la interferencia del ego que, de otro modo, podrían alterarse por sus objeciones o deseos. Tener sexo con extraños al azar, o incluso con personas que conocemos puede ser una manera de preguntarnos «¿qué pasaría si... ?». Como en el próximo ejemplo:

Estoy en una fiesta y una chica de mi clase me empuja al interior de un baño. Ella toma mi mano y la coloca en sus partes íntimas, mientras me quita los pantalones y los calzoncillos. Estoy a punto de penetrarla con mi erección, cuando mi profesor de psicología irrumpe y nos pregunta qué estamos haciendo. Nos escapamos a otra zona con baños portátiles y mi mamá está en uno de ellos. Entonces me despierto. Ni siquiera me siento atraído por esta chica.

El soñador es un joven estudiante de preparatoria que probablemente ha soñado con escenarios sexualmente agresivos. ¿Qué haría si esto sucediera en la vida real? Él asegura que no se siente atraído por la chica, pero su erección dice lo contrario, el escenario pone al sueño en un contexto real. No es probable que estalle la fantasía con una chica en una fiesta, pero es posible una relación con alguien de su escuela. Es una manera de preguntarse qué ocurriría en una situación así.

La reacción del soñador da la respuesta: en la vida real, tendría dudas. La entrada del profesor de psicología, justo cuando está a punto de tener relaciones sexuales indica que el soñador lucha con la «psicología» del sexo. Después, el sueño apunta otro origen: su madre. Apuesto a que ella le ha dicho al soñador que el sexo casual es sucio o está mal. En el sueño ella está en un baño portátil y el está en un baño público a punto de tener sexo. Ambas pistas apuntan hacia la percepción de que el sexo es «sucio». Luego, está presente el uso del término «partes íntimas» en vez de decir vagina. Su expresión indica que ha escuchado y hablado mucho más de sexo de lo que ha experimentado, puesto que un chico de secundaria no sabría qué hacer con una chica que llega a él, como ocurre en su sueño. En este caso, el sueño, a partir de una simulación muy realista, sirve para que el soñador se dé cuenta del origen de un problema psicológico y para cuando llegue el momento no se reprima por pensar en su mamá.

Por otro lado, el sexo comúnmente es una metáfora de alguna experiencia íntima. Por ejemplo, los músicos podrían decir que tocar su instrumento es «mejor que el sexo» o «como tener sexo»; de manera similar, escuchar música se disfruta intensamente, lo cual es comparable con la música que produce una pareja entre las sábanas. Recordemos el sueño. «Bailando con el DJ» (pág. 67). Me pregunto, si el baile y los besos describen metafóricamente la relación del soñador con la música, o los sentimientos que ésta le provoca, o lo que experimenta en su cuerpo. Bailar con ritmo y mantener un movimiento coordinado, es como tener sexo o, a veces, el baile es un precursor de una relación sexual, y la música marca el ritmo. La desaceleración de la música podría ser una manera de expresar que el soñador, disfruta más de la música que del sexo. La música y artes evocan sensaciones que se dirigen a lo sexual, al igual que las ideas y experiencias estimulantes. Tomemos este ejemplo:

Mi profesor y yo paseamos en una alfombra mágica, volando sobre ciudades, mares y montañas. Él es muy seguro de sí mismo, es increíble el dominio que tiene sobre la alfombra al volar hacia lugares para que yo los vea. Después me recuesta en la alfombra y hacemos el amor. Él eyacula una pequeña semilla en mí. Cerca del amanecer, me deja en el techo de mi dormitorio. Luego se va volando mientras dice: «nos vemos en clase».

Él es un excelente profesor, pero no me atrae físicamente en lo absoluto, ¿por qué soñé que hacía el amor con él?

El sexo en este sueño simboliza que el profesor envuelve la mente del soñador, en torno al tema de estudio. La alfombra mágica simboliza que su conversación dirige la mente del soñador hacia a lugares en los que no ha estado antes, para percibir el mundo desde otra perspectiva y «mágicamente» entenderlo de nuevas maneras. El profesor no es atractivo para el soñador físicamente, pero mentalmente lo estimula y, en cierta manera, esta experiencia es comparable a hacer el amor, teniendo en cuenta que los sueños exageran para advertir y recordar. La semilla que el profesor dispersa es el conocimiento que crece dentro del soñador.

Los sueños abordan cualquier área de la vida y el sexo no es la excepción. Los sueños pueden dar consejos sobre cómo lograr orgasmos, cómo pedir y obtener lo que se desea, cómo elegir un amante, además le explican si se siente cómodo o cualquier otro aspecto de la vida sexual y la reproducción.

Los sueños sexuales que parecen abordar solamente la experiencia del sexo, no son una metáfora, es probable que se refieran explícitamente a cuestiones de sexualidad. Disfrútelos y aprenda de ellos, prestando mucha atención a sus reacciones y lo que éstas indican acerca de usted.

Los símbolos relacionados con el sexo y las partes del cuerpo aparecen frecuentemente en los sueños, aunque no con tanta frecuencia como Sigmund Freud nos hizo creer. Cada terreno sinuoso no simboliza la curva de una cadera. Cualquier cilindro no simboliza una erección. Puede buscar más pistas para verificar la interpretación.

Sé de sueños en los que aparecieron flores de loto y tulipanes para simbolizar la vagina. También interpreté un sueño en el que un hombre araba el campo con su pene, una metáfora sexual magistral «arar un campo», expresa el deseo del soñador de cultivar y fertilizar durante su vida diaria. Hay símbolos fálicos en todas partes como torres, cohetes, mástiles de banderas, etcétera. Sin embargo, en los últimos diez años de mi experiencia como intérprete de sueños, sólo recuerdo haberme encontrado un símbolo fálico en un sueño que en realidad implicaba al órgano sexual masculino.

A menos que un sueño necesite una razón para expresar cualquier cosa relacionada con sexo, puede aparecer un símbolo fálico, pero simplemente no suele pasar. Es más probable que los sueños expresen un mensaje directo que capte la atención para ser entendido por el soñador.

En un sueño donde aparece un símbolo fálico, éste representa una cosa real: un estudiante de secundaria, se come un hot dog. Recientemente el soñador salió del clóset, aceptó su homosexualidad y comenzó a tener relaciones sexuales con hombres, por lo que comer un hot dog era una forma de hacer esta comparación en sus sueños.

Si usted no está seguro de lo que significa un símbolo, pregúntese cómo respondería ante él y cómo se siente al respecto. Los sensaciones de excitación y deseo son bastante fáciles de detectar, a menos que sean reprimidas, en cuyo caso es probable que se sean expresados simbólicamente en sueños para que el soñador pueda responder sin la interferencia del ego.

Los sueños pueden mostrar dependencia sexual o inmadurez. Estos sueños se presentan en distintas variedades y, en ocasiones, muestran al soñador teniendo relaciones sexuales con alguien que le resulta repulsivo o haciendo algo que el soñador no quiere hacer. En otros casos puede haber sexo absurdo u obsceno. Este tipo de sueños ilustran temores como el rechazo o conceptos erróneos acerca de la sexualidad y son, esencialmente, formas saludables para trabajar con ese tipo de situaciones. Otras veces muestran que los cables internos del soñador se cruzan.

Un sueño manifiesta dependencia sexual, cuando el ego impone una relación sexual con el ánima o ánimus (los representantes de la parte inconsciente de la mente). El objeto del deseo se manifiesta en un sueño y el soñador reacciona arrojándose a esa pasión, impidiendo que otras acciones tengan lugar, como un actor que tira el guión e improvisa durante una actuación en vivo. Esto hace que el sueño vire en otra dirección.

Alguien que se siente culpable por tener sexo o que está profundamente reprimido puede tener sueños sexuales vívidos, la raíz de esto implica una compensación a los extremos de su mente consciente. Desafortunadamente, las personas que no entienden los sueños suelen creer que los de tipo sexual son tentaciones que hay que evitar. Incluso las monjas y sacerdotes que han prometido el celibato o las personas castas sueñan con sexo. Cualquiera que sea el caso, si el sexo en un sueño se puede disfrutar, es una manera que la mente inconsciente encuentra para compensar lo que falta en la vida real, para identificar lo que se quiere de una relación sexual, o para preparar al soñador para un evento futuro.

ENGAÑO

Otro tema frecuente relacionado al sexo es la infidelidad. No siempre que usted tenga sexo, en un sueño, con alguien que no sea tan significativo como su pareja quiere decir que se trata de infidelidad. El sueño podría representar el cumplimiento de un deseo inconsciente, o puede surgir de la vibra sexual que el soñador percibió de otra persona (si están familiarizados), pero no es comparable al engaño. Si los sueños sobre sexo continúan, usted se podría preguntar: «¿Qué pasaría si...?», estos sueños son un intento de hacer que el soñador sea consciente de los sentimientos escondidos o quieren ayudarlo a ver una nueva perspectiva. Engañar es a veces una cuestión de oportunidad y si la mente inconsciente ve problemas a futuro, tratará de avisar a la mente consciente.

El engaño tiene varios significados potenciales. Uno de ellos es el de romper las reglas y las relaciones pueden tener todo tipo de reglas explícitas e implícitas.

Por ejemplo, un soñador me preguntó por qué su marido la soñó engañándolo. Le comenté que, de alguna manera, él sentía que ella estaba rompiendo una regla, no estaba cumpliendo alguna expectativa de la relación, o él estaba celoso de la atención que ella les da a otros hombres. Esta interpretación resonó una campana: su marido estaba molesto de que ella hablara con otros hombres y sus sueños ilustraron esos sentimientos, como su engaño hacia él.

Otra persona me preguntó, por qué soñó que su novio la engañaba. Se sentía segura de que él no estaba viendo a otra mujer y no podía entender por qué sus sueños le hacían trampas. Para interpretar su sueños, le comenté que esto podría simbolizar que él estaba infringiendo una regla de la relación, o haciendo algo de alguna manera desleal. Ella apuntó a esa idea porque consideraba que su novio desea hacer cosas sin ella, como irse de noche con amigos y no invitarla, a pesar de que también le gusta hacer cosas de hombres, como ver deportes y beber cerveza. Para ella, ser excluida es una forma de engaño, porque considera que eso va contra las reglas, pero no siempre es así.

Estos son ejemplos de algunas de las muchas formas de engaño que pueden ser utilizados como una metáfora.

FIGURAS | FORMAS

Las formas pueden dar un contexto a la estructura de las historias de los sueños. Por ejemplo, usted sueña que está hablando con un grupo de amigos sobre una idea muy emocionante que pueden lograr juntos, alguien sugiere pedir una pizza. Sorprendentemente, su maestro de quinto grado la entrega, este profesor le dijo, una y otra vez, que para alcanzar su pleno potencial tiene que estudiar y trabajar duro. La pizza con su «forma redonda» es en realidad una señal de que la mente inconsciente está tratando de darle información importante, ya que los objetos redondos simbolizan la realización de la persona o que ésta alcanza su potencial. El mensaje del sueño es que el consejo del maestro debe ser tomado en serio, de lo contrario la idea no se convertirá en una realidad.

Las formas de los edificios y la disposición de los objetos son simbolismos deliberados que aparecen en los sueños para contar una historia más profunda. Preste especial atención, cuando un objeto tiene una forma diferente de la habitual, como un avión cuadrado o una puerta triangular. Detalles incongruentes que difieren de la realidad son motivos reales para hacerse preguntas sobre lo que está pasando y por qué.

No obstante, hay algo que es más importante: lo que las formas simbolizan para usted y cómo sus sueños las utilizan para contar la historia.

Cuadrados

Vivimos en un mundo de cuatro puntos cardinales, cuatro elementos, cuatro estados de la materia, por lo que los cuadrados son la manera más obvia en la que los sueños representan la estructura de su vida y el mundo que lo rodea. Los cuadrados pueden aparecer como escenarios y construcciones, como cuartos, edificios u objetos y pueden ser utilizados por los sueños para ilustrar cómo el soñador se adapta a su entorno. Sin embargo, debido a la forma en que la psique está constituida en grupos de cuatro, la dinámica interna entre arquetipos también puede configurarse a partir del número cuatro.

Los cuadrados están relacionados con la creación y preservación de sí mismo en el mundo físico y entre las partes internas de su mente. En matemáticas, el cuadrado significa multiplicar un número por sí mismo, los cual muestra distintas posibilidades, si se usa simbólicamente. Metafóricamente, se puede utilizar la expresión «cuadrado» para referirse a alguien que no sabe cómo divertirse, que evita las emociones o los riesgos.

Cuando los cuadrados aparecen en sus sueños, éstos suelen describir su vida, mediante analogías sobre cómo vive usted y cómo su vida está construida «como una casa». Debido a que los cuatro lados de un cuadrado están equilibrados, los sueños en los que aparecen cuadrados simbolizan la búsqueda de una vida o estado de ánimo equilibrado y balanceado.

Rectángulos

Los rectángulos, esencialmente, son también figuras de cuatro lados, con dos lados más largos y dos cortos, y pueden simbolizar relaciones o situaciones que están fuera de equilibrio. Por ejemplo, un rectángulo exagerado, como un largo pasillo que se va haciendo más largo en la medida en la que el soñador avanza a través de él describe cualquier cosa que entre más larga es más difícil, o simboliza un objetivo que estará cada vez más lejos de su alcance una vez que comience. Si sueña con estar sentado al final de una larga mesa y su pareja está en el extremo opuesto, puede ser la forma en que un sueño está diciéndole que ambos están muy distantes emocionalmente, la relación está fuera de equilibrio o ambas cosas.

Cuando los rectángulos aparezcan en sus sueños y usted considere que su significado es importante, busque algo en su vida que necesite equilibrio. (Vea un ejemplo de esto en el sueño «En los tribunales» (pág. 181). Por ejemplo, si usted es una persona muy lógica, pregunte cómo sus sentimientos pueden comunicarle algo a sus principios o si sus valores están basados en sus sentimientos. Por el contrario, si usted es una persona orientada a los sentimientos, tal vez usted necesita equilibrarlos con la razón. O si usted es una persona muy intuitiva, pregúntese si está minimizando los hechos reales o la información sensorial. La preferencia de una manera de procesar el mundo a expensas de las demás provoca un desequilibrio en la psique.

Debido a que los rectángulos son tan comunes en el mundo cotidiano, busque formas que aparezcan en los sueños para mostrar exageración o desequilibrio. Por ejemplo, una puerta que se acorta puede simbolizar bajas expectativas del futuro, o en sentido figurado puede simbolizar rebajarse a un nivel inferior.

Triángulos

Se dice que nada tiene más poder en un sueño que un triángulo o una pirámide. El poder, en su forma más esencial, es la energía que impulsa a los seres a ejecutar las acciones más sencillas o más complejas. Los triángulos y pirámides pueden contar historias acerca de cómo se utiliza la energía o el poder. Es como echarle un vistazo al motor del coche y adquirir conocimientos sobre cómo funciona, lo que lo motiva, lo que lo coacciona, y lo que hace que se apague. La base del triángulo y el simbolismo de la pirámide representan un tremendo choque de energías opuestas que constituyen la base de la conciencia. Cuanta más energía dinámica domine una persona más consciente se volverá y se elevará por encima del conflicto. Esto se simboliza en el triángulo que conocemos como «el ojo que todo lo ve».

En los sueños pueden aparecer triángulos y pirámides para contar historias que provocan que usted sea cada vez más consciente de sus motivaciones y de lo que está hecho en su interior. El equilibrio interno es la meta. En «La doncella y la anciana» (pág. 182), un espejo con forma de triángulo aparece para mostrar al soñador un arquetipo relacionado con su vida laboral, porque está considerando aceptar un nuevo trabajo y reflexionando qué es lo que va a requerir para ello.

Cuando triángulos o pirámides aparecen en sus sueños, pregúntese qué áreas de su vida necesitan más energía o poder y cuáles están sobrecargadas. ¿Si usted está involucrado en algún conflicto, es capaz de elevarse por encima de él?, ¿qué pasa si algo lo desmoraliza?, ¿qué dice el sueño acerca de lo que usted quiere y en lo que desea trabajar?

Círculos

Si usted piensa lo que expresa, tanto literalmente como en sentido figurado, la frase «dar en el blanco» da una idea de cómo en los sueños pueden aparecer círculos como símbolos. Círculos y objetos redondos pueden ser una señal de que una persona se dirige en la dirección correcta en la vida, o al menos está trabajando en ello, porque los círculos generalmente hablan de crecimiento personal, capacidad para convertirse en una persona completa, lo cual se expresa en la frase «cerrar el círculo».

En mis sueños, los círculos a menudo aparecen como pelotas, ya sean de béisbol, de basquetbol o de tenis, pero las acciones son las que revelan su significado. Por ejemplo, en el pasado, durante mis días como colaborador del periódico de la universidad, cubrí la trayectoria de un equipo de basquetbol masculino, entrenado por uno de los mejores, Bob Huggins. Noche tras noche, Huggins aparecía en mis sueños, porque yo correspondí a su estilo exigente. Durante esos momentos de la vida, se estaba desarrollando una parte de mí que es capaz de trabajar intensamente y, mi mente inconsciente logró encontrar un ejemplo del cual aprender. Cuando se trabaja duro, de la manera que suele hacerlo un severo entrenador, suelo soñar que encesto fantásticos tiros en la cancha de baloncesto. Al día de hoy, cuando «no doy en el blanco» en mi vida personal, sueño con perder mis tiros o hacer malos regates.

Todo a nuestro alrededor son círculos: nuestro planeta, el sol, la luna; dentro de nosotros también hay células redondas, compuestas de átomos que también tienen una forma circular. Así que hay muchas razones positivas para los círculos que aparecen en los sueños, y detrás de todos ellos está la orientación para convertirse en una persona completa. En este sentido, los círculos son conmovedores. En el sueño «La danza de mi alma» (pág. 263), puede ver ejemplos de este símbolo.

En el sueño «La tormenta de nieve» (pág. 81), sabiendo que los paisajes nevados pueden representar depresión, y que las tormentas son metáforas comunes de un conflicto interno, interpreté el talismán circular como una señal de que el soñador no tardaría en encontrar un camino que lo ayude a superar su malestar, representado por la tormenta.

A veces, un sueño produce sólo una referencia circular. Por ejemplo, si yo sueño que me están dando una misión con los Caballeros de la Mesa Redonda, mi mente racional podría resistirse a la fantasía. Sin embargo, a sabiendas de que los sueños se expresan mediante metáforas y símbolos, procuraría conocer más acerca de los Caballeros de la Mesa Redonda y su búsqueda del Santo Grial, y analizar si hay algo que se conecte de alguna forma a mi vida. La búsqueda, por sí misma, implica un significado. Para hacer llegar dicho mensaje, no tuve que indagar sobre una mesa circular. El sueño tampoco está diciendo que vaya a Inglaterra y busque caballeros, sino que busque dentro de mi vida el honor y el heroísmo, que encuentre cómo servir a las fuerzas del bien que se encuentran en el camino. Cuando sus sueños utilizan círculos u objetos redondos, intente asociarlos con cualquier cosa en su vida que haya dado un giro completo o esté evolucionando. Pregúntese si el círculo simboliza algo que usted está tratando de mejorar o una meta que está tratando de alcanzar. Preste mucha atención a la forma de un círculo o de cualquier forma que aparezca en un sueño. Si el círculo es una pelota, analice qué quiere hacer con ella y cuál es el resultado de esa acción. Si se trata de una nave espacial circular, pregúntese a dónde se dirige.

También considere si un círculo se presenta en sus sueños para indicar que usted camina en círculos.

TECNOLOGÍA Y REDES SOCIALES

La tecnología está cambiando la forma de comunicarnos, de interactuar y de obtener información; pero también está cambiando nuestros sueños. Además de los dispositivos y los medios de comunicación, las ideas y el lenguaje breve de la actualidad proveniente de los mensajes de texto y Twitter están cambiando la forma en que los sueños cuentan sus historias. Los sueños siempre han hablado en una especie de taquigrafía, en un lenguaje simbólico que ahora parece ser cada vez aún más corto para las personas que utilizan tecnología durante todo el día. Las personas que han estado inmersas en este mundo digital esperan obtener información de forma inmediata, 140 caracteres o menos, por lo que sus sueños también tienen que ser breves.

Las redes sociales también nos ponen en contacto con la gente que no hemos visto en años. Constantemente recibimos actualizaciones de estado relacionadas con lo que una persona planea para la cena o notificaciones de que están saliendo con alguien. Estos fragmentos de información influyen en los sueños, especialmente si revisamos las redes sociales justo antes de ir a dormir. Este es un ejemplo de esos sueños:

> *Justo antes de irme a la cama, entro a Facebook y veo que mi ex novio tiene un nuevo novio. Así que supongo que debo encontrarme con mi ex y conocer a su nuevo novio, pero no invierto mucho tiempo en mi apariencia y pienso que me veo mal. Me encuentro con el nuevo novio y es un tipo feo, por lo que me digo a mí mismo: «Muchacho, tu ex novio realmente bajó de categoría».*

El soñador no sabía que su ex novio ya tenía una nueva relación, pero lo vio en Facebook. Naturalmente, lo que quiere saber es cómo luce la otra persona, cómo son sus sentimientos y cómo es comparado con él. La imagen que el soñador tiene de sí mismo puede ser bastante baja, ya que no invirtió mucho tiempo en prepararse para la reunión, y en este sueño «las apariencias» significan lo que queremos que la gente vea. Considero que su reacción al conocer al nuevo novio en el sueño, podría ser una proyección de sí mismo, porque él nunca ha conocido ni ha visto al chico, el soñador se ve feo a sí mismo: resulta mezquino comparar y clasificar a las personas con base en su apariencia, eso le da la sensación de que tal vez él no esté a la altura.

El mar de información proveniente del mundo de las redes sociales incluso nos hace soñar con gente que no tiene significado o presencia en nuestras vidas. También nos hace conscientes de los demás de una manera que no deseamos, brindándonos, como nunca antes, visiones de la vida cotidiana de la gente aunque no la conozcamos realmente. Las personas que están conectadas durante todo el día dicen que sus sueños están llenos de pensamientos relacionados con las cosas que leen, como que su maestro de educación primaria es ahora travesti, o que su mejor amigo de la escuela secundaria, con quien no ha hablado en años sigue a PETA.

En el fondo, lo que estas personas me están diciendo es que sus sueños tienen menos importancia personal, porque aparecen estos fragmentos o están llenos de trivialidades.

La tecnología tiene usos simbólicos que los sueños pueden utilizar para contar historias. Por ejemplo, Facebook está apareciendo en los sueños como una especie de plaza central, un lugar donde la sociedad nos ve, donde las relaciones se forman y se mantienen, y donde diferentes opiniones se manifiestan. A menudo, los teléfonos aparecen en los sueños para emitir mensajes de la mente inconsciente, en forma de mensajes de texto. Los mensajes de correo electrónico proporcionan información que lleve la historia del sueño hacia el futuro, evidencian su significado, incluso revelan secretos. Me he despertado sabiendo, de alguna manera, que algunos mensajes de correo electrónico importantes me estaban esperando en mi bandeja de entrada. Incluso he tenido algunos sueños en los que una voz, proveniente de un teléfono celular, habla como un oráculo.

Los sueños procesan y filtran una gran variedad de experiencias y sentimientos relacionados con estar conectados a un mundo digital. Un tema que aparece con frecuencia es la aprobación de los compañeros o el reconocimiento de la sociedad. Este sueño muestra lo que quiero decir:

> *Encontré algo, bajo la piel de mi dedo índice. Lo saco y me doy cuenta de que es un implante de Facebook que identifica quién soy. Lo quito y lo lamento más tarde, cuando mis amigos dejan de reconocerme.*

El dedo índice se utiliza para hacer clic al botón principal del mouse de la computadora, por lo que se asocia en este sueño con el uso de Facebook. Algo de eso se ha «metido bajo la piel» del soñador. Es la sensación de que Facebook determina quién es él como persona y cómo se define su vida a través de esta red social. El hecho de que el soñador no pueda tener amigos o no logre ser reconocido, de alguna manera, es realmente triste porque aquellos que han pasado algún tiempo en Facebook saben quiénes son realmente sus amigos y quiénes son sólo contactos de Facebook. En un sueño que expresa sentimientos similares, la mitad de los amigos de Facebook del soñador están repentinamente bloqueados. Creo que esto es una metáfora de que una relación en Facebook sólo es la mitad de lo que una verdadera amistad puede ser. Los amigos virtuales tienen contacto habitual e intercambian información de una amistad real, pero no hay profundidad de sentimientos o de relación.

He aquí otro sueño con ese tema:

> *Mis padres me llevan a un hospital y allí me realizan una cirugía, después me dicen que algo salió mal y que sólo tengo un día de vida porque mañana caeré en coma permanente. Así que voy a actualizar mi estado de Facebook como: «Nos veremos pronto, voy a morir». Los miembros de mi extensa familia se comportan como si no fuera una gran cosa, y cuando se despiden actúan como cualquier otro día, como si no les importara que estoy a punto de irme para siempre.*

> *Al mismo tiempo, otro sueño que transcurre por encima del anterior como en destellos, muestra que mi mamá está muriendo y yo estoy en la habitación con ella, durante su última noche. Ella me pregunta, que si puedo despegarme de mi computadora y pasar algún tiempo con ella, lo cual hago con placer.*

El escenario del hospital y la cirugía simbolizan que algo en el soñador está cambiando, pero no es algo físico, sino algo que está en sus pensamientos o sentimientos que, al mismo tiempo, se relaciona con sus padres.

La segunda parte del sueño apunta a las raíces: se supone que debe estar la última noche con su madre y ¿cómo reaccionó?, poniendo su atención a las actualizaciones de estado en su computadora. El morir en este sueño significa que algo se está muriendo, y tengo la impresión de que está relacionado con la cantidad de tiempo que pasa conectado a la computadora, a expensas de vínculos sentimentales más profundos. Esta idea se ve reforzada por las reacciones de su familia, que simplemente le desean que tenga un buen viaje, cuando se supone que saben que morirá al día siguiente.

El hecho de que el soñador entre a un estado de coma en este sueño, simboliza que algo muere en su interior. Él está ansioso por tener vínculos más fuertes y una experiencia más profunda de la vida, que se muestra en cuanto él, con mucho gusto, deja su computadora para pasar el tiempo con su mamá. La cirugía en el hospital simboliza la necesidad de vivir una vida más plena, lo cual probablemente haya sido una sugerencia de sus padres, quienes están preocupados por ver a su hijo constantemente concentrado en una pantalla. Pero, ¿qué alternativa existe para alguien en su situación? Su vida social está intrínsecamente conectada con su vida en línea, y desconectarse de eso implica cierto aislamiento social.

También el sueño es constantemente afectado por la tecnología de otra manera: muchas personas, mientras duermen, tienen al alcance sus teléfonos que constantemente emiten destellos, suenan y vibran durante toda la noche; incluso si no registran actividad, emiten una luz artificial que puede interrumpir el ciclo del sueño que, a su vez, impide los sueños. El efecto puede ser leve como para provocar un par de sueños perdidos, pero también puede ser tan grave que ocasione sonambulismo o una condición llamada «parálisis del sueño» en la que la mente está totalmente consciente, pero su cuerpo incapaz de moverse. Muchas alucinaciones que ocurren justo después de despertarse pueden explicarse por la parálisis del sueño.

Además, los ciclos de sueño se desordenan porque la gente

revisa el correo electrónico y los mensajes de texto a todas horas. La interrupción constante suele tener consecuencias a largo plazo, ya que nos privamos, cada vez más, de tiempo de sueño y padecemos dificultad para concentrarnos. Creo que eso podría revelar una mayor fragmentación en los sueños provocados por las tecnologías de la comunicación y las redes sociales. Quizás, en respuesta, la mente inconsciente arroje más metáforas e imágenes que digan más que mil palabras. Será interesante ver cómo nos adaptamos a estas condiciones.

DIENTES

En mi experiencia, la parte del cuerpo que más aparece en los sueños son los dientes: rotos, perdidos, destrozados, golpeados. Su significado es variado pero, por lo general, se reduce a una de cuatro posibilidades:

- Es necesario que usted revise sus dientes. El sueño es una advertencia literal o una expresión de miedo.

- Usted ha perdido reconocimiento de alguna manera; su estatus social ha recibido un golpe en la boca.

- Se siente impotente, oprimido, extraño o incapaz de expresarse a sí mismo verbalmente.

- Usted o alguien que conoce ha estado mintiendo, presumiendo o maquillando la verdad.

Tener problemas con los dientes en los sueños, puede indicar la necesidad de consultar a un dentista o cuidarlos mejor. Puede ser una necesidad de la que no puede darse cuenta conscientemente al principio, debido a que los problemas con los dientes tienden a desarrollarse lentamente. Para las personas que no han visto a un dentista en un largo periodo de tiempo, el temor a una afección dental puede perturbar su sueño. Los dientes están asociados al estatus social y la percepción de lo atractivo, así que la falta de algunos dientes o los dientes rotos, especialmente los delanteros puede interpretarse como la pérdida de posición social o baja autoestima. En un sueño que se analizó previamente denominado «Mi nuevo novio» (pág. 217), la falta de dientes manifestaba los temores del soñador, ya que su nuevo novio no cumple con sus estándares o los de sus amigos. Un diente que se cae puede simbolizar perder prestigio o la baja condición social de la persona que habla. La pérdida de un diente, literalmente quiere decir que está perdiendo una parte de su cara.

Tener problemas con los dientes en los sueños también puede simbolizar sentimientos de frustración por no haber sido escuchado, dificultad para expresarse o la necesidad de creer de verdad en lo que dice. Por la misma razón, los dientes flojos se pueden asociar con hablar de más. Comúnmente utilizamos la frase «jugar con la verdad» para referirnos a las mentiras y exageraciones. Por ejemplo, si usted sueña que habla con un colega y a él se le cae un diente mientras habla, podría interpretarse como que usted, inconscientemente, sabe que él miente o que su opinión «está por los suelos».

Las personas que rechinan los dientes, con frecuencia están saturadas de tensión nerviosa.

Los dientes con caries se asocian con el envejecimiento, el miedo a una enfermedad o cualquier cosa que se relacione a podredumbre o descomposición. Dos reflexiones finales acerca de los dientes en los sueños: pueden estar asociados con el cambio o transición, el hecho de que los dientes se caigan está vinculado con la transición de la niñez. Es un rito de iniciación que puede aparecer en los sueños para compararlo con otras circunstancias que marcan cambios de un estado a otro. Además, a veces los dientes en los sueños representan cualquier cosa que se da por hecho como la salud, la seguridad o las relaciones.

VIDEOJUEGOS

Generaciones enteras han crecido jugando videojuegos, muchos de ellos se relacionan con superar obstáculos y vencer enemigos. Y los sueños se basan en estos temas con frecuencia para contar historias sobre la aventura, la fantasía, los conflictos y el desarrollo personal. Tal vez, en sus sueños está superando los obstáculos para progresar y conquistar cualquier cosa o posicionándose para alcanzar sus objetivos, de la misma manera que en un videojuego.

Los videojuegos son un campo de entrenamiento excelente para navegar por el mundo de los sueños, porque en ellos aprendemos a pensar, aún en situaciones estresantes o peligrosas y a resolver problemas de forma imaginativa. Jayne Gackenbach descubrió que las personas que utilizan videojuegos de manera habitual son más capaces de controlar sus sueños. Por ejemplo, si son perseguidos por un monstruo en un sueño, toman el control teletransportándose lejos del monstruo o desenfundando una espada y luchando contra él. Por su experiencia en el juego, su imaginación trabaja más, incluso les da más vigor para defenderse. Sin embargo, se plantea la cuestión sobre si se deben controlarse los sueños, porque éstos son la oportunidad de la mente inconsciente para manifestarse, pero las personas que pueden dominar sus sueños tienen menos pesadillas. Tal vez para ellos los monstruos son sólo objetivos sobre los cuales trabajar. Si los videojuegos son una fuente de conflicto para el soñador, puede tener sueños que simbolicen esa situación, por ejemplo, si juega demasiado tiempo y hace a un lado otras cosas. La diferencia entre las pesadillas y los sueños se manifiesta con la acción y los sentimientos del soñador. Si usted sueña que su héroe favorito de videojuegos gana batallas y se siente bien por ello, es probable que esté soñando con su desarrollo personal o la aventura de su vida. Si sueña que está atrapado en un mundo de los videojuegos y está luchando para salir, usted podría estar absorto y gastando demasiado tiempo en ellos.

ARMAS

Las armas aparecen con frecuencia en los sueños y, a menudo, simbolizan expresiones de ira, sentimientos heridos o una actitud defensiva. El escenario, el arma y el oponente son claves para su interpretación. Analicé un sueño en el que el arma era un sartén, el escenario era una cocina y el oponente era un personaje macabro persiguiendo al soñador dentro de la casa. Llegué a la determinación de que el sartén es un objeto que representa la capacidad del soñador para luchar contra sus propios miedos, con métodos como la respiración profunda y el equilibrio. El soñador golpea a sus miedos de frente, golpeando al atacante en la frente con un sartén para ganar la lucha, luego le ayuda a ponerse en pie y tienen una larga charla. El atacante resulta ser una parte del soñador que él mismo evita y que está tratando de llamar su atención, sólo que se ve como un personaje macabro porque el soñador así lo percibe.

Las armas en sueños anuncian sus sentimientos en formas gráficas. Usar un arma manifiesta una conexión con su vida diaria. Disparar un arma o usarla en contra de alguien más denota una actitud defensiva o manifiesta rabia desinhibida. Si un arma se utiliza en contra de usted o un personaje que lo simbolice representa ira evidente, como en el ejemplo denominado «La navaja» (pág. 161).

Por ejemplo, existen «armas» a las que nos enfrentamos diariamente en la vida real, como mensajes de Facebook que nos atormentan o cosas que decimos y que llegan a ser información pública, estos casos podrían aparecer en nuestros sueños como metáforas o figuras retóricas relacionadas con armas o violencia.

Para interpretar símbolos relacionados con armas en sus sueños, preste mucha atención a las acciones y a las zonas del cuerpo que resultan afectadas. Como referencia, busque en la «Guía de símbolos» (pág. 177), lo que las partes del cuerpo pueden simbolizar. Las figuras retóricas que se refieren a las armas se usan para describir situaciones estresantes o peligrosas; lo mismo sucede con los sueños. De hecho, las analogías relacionadas con pistolas, balas y disparos son un enigma, lo cual le otorga plenitud para trabajar a la mente que sueña. He aquí el ejemplo de un sueño en el que aparece una figura del lenguaje relacionada con las armas. Observe si usted puede reconocerlo.

Estoy en el trabajo, todos mis compañeros de trabajo y yo miramos ansiosamente por encima de nuestros cubículos para ver cuando las puertas del ascensor se abran, sabemos que el jefe está por llegar a nuestra área para despedir a alguien. Las puertas se abren y todos se agachan porque una bala roza nuestras cabezas, la bala rebota en una puerta y da contra el cubículo que está a mi lado. Por suerte, el hombre que trabaja ahí está fuera de la oficina.

En este sueño, podemos describir la decisión del jefe como «más rápida que una bala». La acción de la bala de impactarse contra el cubículo es una analogía de que los problemas se acercan, pero no tienen un «impacto» directo.

Suele usarse la frase «matar sus esperanzas», cuando alguien pierde una audición, una oportunidad o una retribución, y los sueños pueden manifestar fácilmente esa idea.

El arma que se dispara en el sueño anterior simboliza que alguien del trabajo está a punto de ser despedido.

Disparar un arma a alguien en un sueño es una forma cruda de expresar lo que siente por esa persona o lo que ella representa para usted, es una forma fuerte y directa de identificar a ese personaje como una fuente de conflicto. Por otro lado, una pistola con silenciador puede demostrar que los sentimientos no se expresan, son «acallados», no se permite su plena expresión. Un arma de fuego disparándole a usted durante un sueño puede simbolizar lo que se siente cuando se enfrenta a la ira de alguien más o a la propia. Cuando la ira está aprisionada o se expresa de forma ineficaz, la pistola se atascará o disparará otra cosa en lugar de balas. Enfrentarse a la ira infantil puede manifestarse en sueños por medio de armas de juguete.

Los propietarios de armas que con frecuencia las usan o piensan en ellas son propensos a soñarlas para describir lo que éstas representan en sus vidas y lo que les hacen sentir. Un arma puede hacer que el propietario se sienta más seguro o dar una falsa sensación de confianza. Las personas que portan armas de fuego para ganarse la vida como un policía o un soldado tienen que hacer más consideraciones a la hora de soñar con ellas, por ejemplo, si sueñan que su arma se ha atascado, eso puede manifestar que su progreso profesional se ha detenido u obstaculizado. Un sueño con una pistola que se dispara accidentalmente puede simbolizar que la ira lo controla, convirtiéndolo en otra persona, que tiene un temperamento explosivo, que se perturba en extremo a la menor provocación.

En uno de mis sueños un arma de fuego representa el deseo de corregir los errores.

> *Desde el interior de mi casa, observo la puerta del frente y veo a un hombre armado con dos pistolas enfundadas en un cinturón. Me siento incómodo y amenazado por su presencia cerca de mi casa.*

Las dos armas llaman mi atención. Me pregunto quién es el hombre que está ahí, afuera de mi casa, ya que no estoy bajo amenazas externas y una interpretación literal no encaja, me pregunto si es una parte de mí mismo: una percepción, una actitud, un sentimiento. Entonces, recuerdo un pequeño incidente que causó una gran impresión en mí cuando era un adolescente, cuando conocí a un maestro de artes marciales que portaba armas de duelo debido a su trabajo. Era el tipo de persona que tiene la fuerza como para no soportar a nadie, pero no tiene la necesidad de demostrarlo. En mi mente, se convirtió en una especie de figura armonizadora, alguien que lucha contra los males del mundo.

Un día antes del sueño, vi una noticia sobre un policía que golpeó a un anciano con demencia, pero una cámara de seguridad grabó su salvajismo despiadado. Eso hizo hervir mi sangre y me provocó el deseo de estar en la escena para detener la golpiza. En el sueño yo llevaba dos pistolas enfundadas, igual que el hombre armado fuera de mi casa en el sueño. Entonces llegué a la conclusión de que el hombre en el sueño simboliza una parte de mí, que quiere corregir los males del mundo con una pistola en mano, porque impondría mi sentido de la justicia. Al igual que las armas de fuego, los cuchillos tienen una gran cantidad de usos simbólicos potenciales, que también aparecen en figuras retóricas como «puñalada por la espalda», expresión que se usa para describir una traición o acciones clandestinas; «afilado como un cuchillo» frase que se usa para describir un pensamiento o acción incisiva. En un sueño, cualquier referencia a heridas o cuchilladas debe ser tomada como una advertencia para tener más cuidado con objetos afilados, el inconsciente podría haber notado signos de peligro. Si usted trabaja con cuchillos para ganarse la vida y en el sueño se lesiona con ellos (o con cualquier otro objeto mientras está haciendo su trabajo o actividad, según sea el caso) es un aviso de tener bastante cuidado. Los sueños pueden ser literales y una de sus funciones principales es la autopreservación.

Si no se trata de una advertencia literal, hay que considerar las interpretaciones simbólicas y centrarse en la acción del cuchillo. Los cuchillos se utilizan para la protección y pueden simbolizar que es necesario mantener algo o alguien a distancia. Este tipo de armas pueden utilizarse para tomar el control de una situación, pero también implican falta de poder o autoridad. Pueden representar, la necesidad de una toma de decisiones más perspicaz. Asimismo se pueden utilizar para cortar algo o extraer algo quirúrgicamente. Los sueños relacionados con cortar partes del cuerpo pueden expresar la necesidad de eliminar algo de su vida o quizás se refiera a cortar lazos. Si una navaja es prominente en el sueño puede tratarse de una metáfora como «al filo de la navaja».

Para ver un gran ejemplo del simbolismo del cuchillo vea el sueño: «Una criatura quiere mi piel» (pág. 245).

Cómo conjuntar todo

En esta última sección veremos sueños que reúnen todo lo que le he mostrado hasta ahora. Espero que usted pueda identificar, en gran medida, lo que está sucediendo en estos sueños antes de que revelemos sus significados. Estos sueños son bastante largos y complejos, pero si usted está confundido no se desanime. Analice estos sueños en el transcurso de semanas, a veces meses, porque sus elementos se prestan para una profundización increíble en su interpretación, que no se puede alcanzar solamente leyendo un resumen.

Una criatura quiere mi piel

Estoy doblando la ropa en mi habitación cuando escucho un ruido debajo de las escaleras. Miro hacia ahí y veo una criatura con forma humana sosteniendo un cuchillo grande. La criatura no tiene piel, los músculos, los tendones y arterias están expuestos y húmedos. Quiere tomar mi piel como un disfraz, para poder esconderse adentro y hacer cosas terribles. Cuando me ve, se lanza por las escaleras. Corro al baño y la frase «ponerle sal a la herida», me viene a la mente, por lo que echo sales de magnesio a su carne expuesta. La criatura grita de dolor. Corro, pero me doy cuenta de que no soltó su cuchillo. Me persigue, salimos y luchamos en medio de la calle. La criatura me hace una herida profunda en el brazo. La empujo hacia donde circula el autobús de la ciudad, la criatura se estrella contra él y sangra, hay moscas por todas partes. Dos hombres me sujetan, pensando que he lastimado a un inocente a pesar del horrible rostro que muestra claramente a la criatura, que empieza a levantarse.

Este sueño comienza con una idea que aclara su significado y se encuentra en la acción: el soñador está doblando la ropa, lo cual puede significar la consolidación de su vida, el cuidado de las apariencias o la atención a sus negocios. El escenario del dormitorio es un indicio de que el sueño tiene que ver con los pensamientos y con la vida en general del soñador. El entorno del baño sugiere que el sueño también es acerca de su aspecto o imagen pública, que expresa algo relacionado con depurar algo o concluir una situación no resuelta. El cuchillo es útil para caracterizar la naturaleza del soñador que está en conflicto con sus sentimientos. Siente que su situación lo corta.

La criatura quiere su piel para cubrirse. Dado que la piel se asocia con la persona, el hecho de que alguien esté tratando de tomar la piel del soñador puede relacionarse con el robo de identidad o con tácticas de venganza, que destrozan la reputación de una persona. Podría simbolizar que el soñador ha sido suplantado (usted verá más adelante cómo esa interpretación encaja, pero ahora encaminándole mostraré cómo analicé todas las posibilidades). Creo que la criatura simboliza lo que siente el soñador: una herida abierta. La criatura sin piel representa una parte herida del soñador, que se confirma con la expresión «ponerle sal a la herida». La frase es definitiva y significativa porque surge espontáneamente, y simbólicamente expone cómo se siente el soñador. A menudo los sueños con características conflictivas demuestran que un enfrentamiento o una lucha contra algún personaje sombrío es en realidad una lucha contra sí mismo, pero también puede simbolizar una fuerza externa. De cualquier manera, el personaje del sueño es una proyección del soñador.

La herida que el soñador recibe mientras lucha en la calle contra la criatura parece simbolizar el daño a la vida laboral, ya que los brazos y las manos son las «herramientas» que utilizamos para llevar a cabo la mayoría de las actividades de trabajo. Dos hombres sujetan al soñador, puesto que creen que él es responsable de herir a la criatura, lo que indica que el soñador siente que ha sido acusado falsamente de algo. Si hubiera aceptado la culpa en el sueño, indicaría que, muy dentro de su interior, sabe que es responsable. Cuando hablo con el soñador para darle una primera interpretación del sueño, él menciona que estaba involucrado en una batalla legal con su ex patrón por una lesión en el trabajo, por lo que la herida en el brazo tiene sentido como una herida simbólica en su vida laboral.

El patrón tomó represalias después de que el soñador presentó una denuncia. Al mismo tiempo, su antiguo supervisor de trabajo trató de sabotear su situación laboral. En este sentido los acontecimientos laborales acechan al soñador como la criatura, y la sal en la herida es una buena manera de resumir cómo se siente el soñador al respecto. El fondo del sueño puede resolverse sólo con preguntar al soñador: «¿cómo considera que sea la sensación de tener sal en una herida?». Debido a que está implicada una demanda formal, el autobús de la ciudad representa una disputa pública, y los dos hombres que sujetan al soñador, representan los sentimientos de ser injustamente culpado por el antiguo patrón. Esta información personal vincula los detalles: la criatura sin piel, el acecho, el cuchillo, la herida en el brazo, el conflicto laboral. Excepto por un pequeño detalle: el soñador ha estado soñando con la criatura desde que era un niño pequeño. La sensación de algo que quiere quitarle la piel lo ha perseguido durante mucho tiempo.

A pesar de que el soñador ha sido tratado injustamente por un empleador, es posible que siga un patrón de sabotearse a sí mismo, representado a través de la criatura. De ser así, el soñador puede resolverlo, por lo que le sugerí utilizar su imaginación para relacionar a la criatura con su vida y sus sentimientos.

En última instancia, la resolución del sueño llegará cuando el soñador adopte plenamente a la criatura y la acepte como parte de sí mismo.

Tocando la guitarra

Soy más viejo de lo que soy ahora. Estoy en el pasillo de un hotel y un empleado aburrido cuida los instrumentos musicales que pertenecen a un famoso grupo de rock, que se alojó en el hotel la noche anterior. Hay una hermosa guitarra y aunque yo no sé tocar, le pregunto al empleado si puedo probar. «Deberías», responde él. Así que tomo la guitarra, y empiezo a tocar exactamente lo que siento y sale a la perfección. Cierro los ojos y, de alguna manera, la guitarra se convierte en mi hija adolescente, a pesar de que realmente no tengo una hija. Ella y la guitarra son uno, su camisa es del mismo color azul que la guitarra. Ella me dice que está arrepentida de haber muerto, que no fue un suicidio, pero que ella es responsable de su propia muerte. Le digo que no lo sabía, pero que estaba embarazada cuando ella murió, y que habría sido una madre maravillosa. Al final, mis dedos están demasiado adoloridos como para seguir tocando, por lo que dejo la guitarra.

Después de un doloroso adiós a mi hija, le comento al empleado del hotel que hay algo especial con esa guitarra. Él responde: «La persona que la toca es la que la hace especial».

¡Qué sueño! Para interpretarlo comenzaré con el escenario del hotel. Este tipo de escenarios aparece con mayor frecuencia para describir un lugar de transición, y creo que describe cambios en las percepciones que el soñador tiene de sí mismo. La acción de tocar sus sentimientos, a través de un instrumento que pertenece a un famoso y que nunca ha tocado, se relaciona con la apreciación que el soñador tiene de sí mismo, como una persona creativa. Él tiene sentimientos que expresar, e innatamente sabe cómo hacerlo. La referencia a la famosa banda de rock, probablemente signifique que es innatamente talentoso y la música es una forma de arte estrechamente asociada con la emoción y el sentimiento. Puesto que un hijo es una creación, la hija simboliza la creatividad que el soñador no utiliza. Si la acción de tocar una guitarra que se transforma en su hija no fuera suficiente pista, el sueño hace otra conexión: el color de la camisa y la guitarra coinciden, y el azul se asocia con los pensamientos y sentimientos. La hija que en el sueño es una adolescente en desarrollo, podría simbolizar que el soñador está en busca de su lado artístico, antes de que desparezca. Cuando su hija le dice que su muerte no fue un suicidio, expresa que el soñador «mató» su lado artístico y es responsable por no utilizarlo. Tal vez no lo valoraron lo suficiente en su momento, tal vez tenía otras prioridades.

La referencia a estar embarazada simboliza que el soñador estuvo, en un tiempo, «preñado» de creatividad. El soñador se ve a sí mismo como de mayor edad en el sueño. En mi opinión, esto es una predicción de que en su futuro se verá como alguien que podría haber utilizado más su talento, pero no lo hizo. Durante la interpretación, asumimos la idea de que la hija es un símbolo para el talento artístico no utilizado. El trabajo del soñador como editor de video es inherentemente creativo, pero la falta de tiempo le impide poner algún sentimiento o detalles adicionales en el mismo. El carácter del empleado del hotel es aburrido, y es así como el soñador se siente en su trabajo.

El factor decisivo en la interpretación de este sueño proviene de las declaraciones del empleado del hotel. Cuando el soñador le pregunta si puede tocar la guitarra, el empleado dice: «Deberías». Y cuando el soñador deja de tocar la guitarra y comenta que hay algo especial en ella, el empleado responde: «La persona que la toca es la que la hace especial». La primera declaración es un mensaje de la mente inconsciente que le dice al soñador que debe expresar sus sentimientos a través de la creatividad; él tiene talento y pasión. El inconsciente es la fuente de la creatividad, sabe qué decir acerca de su uso. La segunda declaración confirma que no importa la forma en que exprese su creatividad, el soñador tiene la magia. Lo que sea que él haga, puede hacerlo especial.

La resolución del sueño es que el soñador debe utilizar su talento creativo, antes de que la oportunidad se vaya. Mientras que el soñador está triste por lo que ha perdido, su sueño le muestra que no es demasiado tarde. No le daría este mensaje tan conmovedor, a menos que pudiera hacer algo positivo con él.

Mi novio, el asesino

Hay un accidente de coche y una familia de cinco integrantes muere. El hecho es investigado como un homicidio porque encontraron a una niña amordazada dentro del auto. Un naipe que apareció en la escena viene de la baraja de mi novio, por lo que imagino que él es el asesino. Temo que mi novio sepa que yo sospecho de él, aún así me voy a vivir al mismo apartamento con él. Más tarde, me doy una ducha y la regadera se convierte en la cara de mi novio. Me asusto y grito para salir de ahí.

La primera gran pista sobre el significado de este sueño es el accidente de coche. Viajar juntos en un coche puede simbolizar una relación, en este caso, la familia del soñador. En el sueño aparece una familia diferente a la de la soñadora, pero se utiliza una familia genérica como un sustituto para abordar la situación. El accidente y la muerte sugieren que la vida familiar de la soñadora se enfrenta a un gran cambio o transición. En este caso, la soñadora se está preparando para salir de casa y mudarse con su novio. Después, el sueño nos da otra pista que se vincula con su novio (y lo que él representa) en la escena del crimen aparece un objeto incriminador: un naipe; las barajas pueden ser usadas para predecir el futuro, y en este sueño se pronostica el porvenir de la relación del soñador con su familia, si la soñadora decide irse a vivir con su novio. El soñador tiene dudas sobre si debe mudarse, esto se expresa en la reacción de temor a que su novio descubra que ella sospecha de él. Además, la niña amordazada representa el miedo del soñador, pues algo le impide expresar sus dudas. Este personaje, probablemente simboliza la época formativa de su vida en la que aprendió a no expresar dudas o a no actuar cuando es necesario. Otra interpretación apunta a que el soñador, de alguna manera, está siendo infantil. De cualquier manera, la niña aparece en el sueño como un sustituto del soñador. El escenario del apartamento simboliza la transición a la que se enfrenta el soñador, quien está considerando irse a vivir lejos de su familia. El hecho de que, a pesar de sus miedos, decida irse con su novio complementa esa transición. También el sueño muestra la visión de un futuro posible con menos privacidad, expresado cuando la regadera se convierte en la cara de su novio. La acción de ducharse sugiere que el soñador debe limpiar o quitar algo de su vida; que podría ser el nerviosismo, la duda o el miedo. Por otro lado, puede que necesite purificarse ella misma, o su novio. La reacción de desesperación de la soñadora es un indicio de que sabe que algo anda mal en su relación o en ella misma. Pudo haber reaccionado a la presencia de su novio en la ducha, pero no lo hizo. En general, cuanto más grande es el miedo, más fuertes son los sentimientos. La resolución del sueño es pensar en las implicaciones de irse a vivir con su novio, con el conocimiento de que probablemente es una mala idea, ya sea porque él no es el hombre adecuado, o ella no está dispuesta a convertirse en un objeto de su posesión. La verdadera esencia de este sueño es que se anticipa al futuro, el soñador todavía tiene tiempo para evitar cometer un grave error. Incluso, aunque el novio sea un gran hombre, la soñadora no está lista para irse a vivir con él. Sus sentimientos son demasiado conflictivos y el sueño trata de hacerla consciente de lo que está sucediendo bajo la superficie de sus pensamientos y sentimientos.

Hay otra pista que no mencioné porque usted tendría que saber sobre numerología para reconocerla: la familia de cinco. El soñador es de una familia de cuatro, por lo que la discrepancia en la cantidad es destacadamente intencional. El número cinco en los sueños es un signo de cambio inminente, según Edgar Cayce, y en este sueño no podría ser más cierto. El número cinco tiene otros significados en la numerología pero, en este caso, la interpretación del cambio inminente, encaja en la situación actual del soñador. Si desea saber más acerca de la numerología y las interpretaciones de los sueños según Edgar Cayce, busque el libro de Elsie Sechrist *Dreams: your magic mirror*, que es un excelente libro para comenzar.

Una figura blanca en la puerta principal

Regreso de la escuela y mi abuelo está esperándome en su auto, en la entrada de mi casa. Dice que mi familia se ha mudado y que él me llevará a mi nuevo hogar. Nos dirigimos hacia allá y la casa es muy similar a la anterior, excepto que en la entrada principal hay escalones en lugar de una pendiente. Mi familia y los vecinos están en el interior, en una fiesta de inauguración, pero yo no participo. En lugar de eso, miro a mi alrededor con dificultad, porque a medida que más personas entran, la casa empieza a saturarse. Finalmente, todos se van y me quedo solo.

Me siento en una silla viendo de frente a la puerta, y veo una figura blanca a través del cristal. El vidrio es opaco, así que no puedo ver la figura con claridad. Abro la puerta y la figura se desvanece antes de que pueda verla. Vuelvo a sentarme y miro hacia la puerta, entonces veo a la figura correr a toda velocidad hacia el cristal, dejando impresas las huellas de sus dos manos, pero cuando abro la puerta no hay de nadie. La siguiente vez que veo a la figura, ésta corre hacia la puerta, y yo estoy listo para golpearla, pero de nuevo no hay nadie allí. Por último, dejo la puerta abierta y espero. Veo a la figura venir de nuevo, pero cuando me levanto se aleja, de modo que no tengo una mirada clara. Cierro la puerta y vuelvo a mi silla. La figura está ahí de nuevo, como si nunca se hubiera ido. Cierro las cortinas y apago las luces. La figura comienza a tocar.

Mudarse a una casa nueva implica iniciar una nueva fase en la vida: la primera señal de que será una vida más solitaria es la escalera para entrar en la casa. En las escaleras sólo cabe una persona a la vez. La siguiente señal es la reacción del soñador ante la presencia de su familia, el soñador decide quedarse aparte, seguida por la escena de la casa llena de gente. Esto indica que el soñador prefiere la soledad. La presencia de una gran cantidad de personas, impiden una «visión» de su propio interior, lo cual es una señal de la introversión. Entonces el soñador se queda solo para comenzar su nueva vida y comienza una acción en la puerta principal. En un sueño, una casa con frecuencia simboliza al soñador y la puerta de entrada, por donde la gente accede puede representar la línea entre la vida privada y pública del soñador. El vidrio opaco simboliza el futuro del soñador el cual todavía no ha quedado claro para él, pero lo ve venir: será una persona solitaria. El simbolismo de la soledad es reforzado con la silla, en la cual sólo cabe una persona. Sospecho que él prefiere estar solo, pero teme el aislamiento completo. Cuando los personajes del sueño están borrosos, como la figura blanca, puede ser que simbolicen sentimientos o percepciones del soñador. La figura que aparece en la puerta principal no es alguien en específico, no representa a nadie en absoluto, ya que el soñador abre la puerta y no ve a nadie. Simplemente se trata del miedo al aislamiento, ese temor lo acosa hasta el punto de querer golpear a la figura, pero la persistencia de ésta demuestra que ese miedo no va a desaparecer. Las huellas en el cristal son un recuerdo de alguien solitario mirando por una ventana, es la visión del soñador que ve la vida como una persona introvertida que está «mirando hacia afuera», por lo que las huellas se pueden interpretar como que el soñador está dentro de sí mismo (representado por su casa), mirando hacia fuera. El soñador se observa a sí mismo en la figura blanca. En el sueño, la presencia del abuelo une todos los elementos, porque también es una persona introvertida y el soñador se identifica con él, puesto que está satisfecho con sentarse en una silla y ver el mundo pasar.

Una nueva fase en la vida del soñador está llegando y se expresa con la mudanza a otra casa, lo cual le recuerda a su abuelo, porque él es quien lo conduce a esa nueva etapa, lo cual puede ser una forma de decir: «Tú eres como yo, y eso está bien». No tiene nada de malo ser introvertido, por lo cual este soñador sólo tiene que resolver algunas cuestiones sobre los límites que establece entre su vida pública y privada. En el siguiente ejemplo podemos conectar varios sueños separados, que en realidad constituyen una historia muy larga. El soñador se despertó incluso para ir al baño, se volvió a dormir y el sueño continuó durante toda noche. Este gran periodo de sueño sirvió para vincular varios sueños aparentemente desconectados, éstos narran una historia y podemos utilizar cada uno para realizar la interpretación.

Esclava de la mafia

Primer sueño:
Tengo siete años de edad, soy huérfana y vivo en un orfanato. Voy a un hotel que al exterior parece una casa victoriana. Detrás de la recepción hay una mujer mayor con el pelo gris, teñido de rubio platinado, y un hombre de su edad está cerca del mail room (oficina de correos). Me registro.

Segundo sueño:
Soy una adolescente y estoy robando maquillaje en una tienda departamental. Creo que me van a atrapar por lo que me dirijo a los probadores para las mujeres. La empleada de la entrada me dice que no puedo pasar porque me veo como un niño.

Tercer sueño:
Soy universitaria estoy con dos agentes del FBI en un jardín cuadrado, buscando una puerta que está oculta. La veo, pero no sé si debo decirle a los agentes, pero terminan por descubrirla. Adentro hay un grupo de mafiosos, dirigidos por un hombre alto y viejo. Ellos me capturan. Le digo al jefe, que no estaba tratando de traicionarlos, a pesar de que era cierto. Temo que me va a matar.

Cuarto sueño:
Soy una mujer madura y el líder de la mafia quiere que me case. Enveneno a mi pretendiente poniendo un polvo blanco en su comida que disuelve su corazón. Lo llevan al hospital y regresa con un corazón artificial. Finjo que no hice nada, pero el líder de la mafia sospecha de mí. Deciden continuar con la boda, pero ahora con un hombre diferente, un sádico. Mi mamá está ahí. El vestido de boda hace que mis pechos luzcan fuera de lugar y estoy avergonzada por eso.

Quinto sueño:
Soy la esclava del hombre sádico de la mafia. Me tiene retenida en un apartamento en penumbras, me esposa a una cama en la habitación, me obliga a preparar comida y a dejar las sobras en los platos para atraer hormigas. Las hormigas me cubren la cara y me pican, haciendo que mi piel se hinche y me salgan ronchas. Me veo horrible. El hombre sádico me deja esposada en el apartamento mientras se va. Después dos mujeres que se ven como las heroínas de "Los

Ángeles de Charlie" están buscando algo, llegan al apartamento y entran a liberarme. Luego, se dirigen por las cosas que buscaban y encuentran un arma de fuego negra. El hombre sádico regresa y luchamos por la pistola. Logro vencerlo, tomo la pistola y le apunto. Para demostrarle que usaré el arma, disparo al lado de su cabeza y las balas rebotan alrededor de la habitación.

Sexto sueño:
Vuelvo al hotel, pero luzco de mi edad actual. Hay un mensaje de mi padre que dice: «Si hubiera sabido que me necesitabas mientras estabas creciendo, habría estado ahí para ti». También hay otro sobre grueso con un mensaje de mi madre, pero me despierto antes de tener la oportunidad de abrirlo.

A pesar de que estos sueños pueden interpretarse por separado por estar fragmentados, aquí hay una historia continua de una niña que se enfrenta a cuestiones complicadas desde una edad temprana como se ve en el primer sueño. La casa victoriana simboliza la vida de la soñadora desde la mente inconsciente. La mujer en el mostrador representa a su madre, quien tiene el pelo rubio platinado, y el hombre del *mail room* (oficina de correos) representa a su padre. La soñadora se registra en el hotel como una niña de siete años de edad, huérfana, lo cual representa que su vida familiar estaba en transición a esa edad y ella se enfrentó a muchos desafíos, porque, por su trabajo, su padre se iba por largo tiempo. Aunque no estaba realmente huérfana, se sentía de esa manera. Esos desafíos continuaron en la edad adulta, por lo que el sueño hace un viaje en el tiempo, desde que todo comenzó, proporcionándole la oportunidad para comprender y sanar. La historia avanza en el segundo sueño, cuando la chica se enfrenta a la adolescencia. Ella roba cosméticos, lo que significa que comenzó a usar maquillaje en contra de los deseos de su madre. La soñadora comentó que, cuando era adolescente, se vestía con ropa holgada y se cortaba el pelo muy corto para no ser notada por los chicos, lo cual se simboliza en el sueño, cuando la empleada del probador le impide pasar porque ella parece un niño.

En el tercer sueño, el tiempo avanza y muestra a la soñadora en una versión más vieja de sí misma, (esto se desarrolla de forma compleja en un área de la psique). Los secuaces del jefe de la mafia simbolizan otras partes de la psique de la soñadora que trabajan en su contra. Una mafia implica una familia, y su vida familiar es el tema central de este sueño. Los agentes del FBI están ahí para llevarla a la raíz del problema. La mente inconsciente sabe lo que está pasando y utiliza figuras oníricas, en este caso agentes y secuaces para transmitir pistas que conduzcan al soñador hacia la dirección correcta. El soñador tiene opciones en ese momento: puede señalarles la puerta a los agentes o pretender no haberla visto. Su reacción demuestra que la soñadora está dispuesta a enfrentar cualquier problema, aunque está asustada y todavía está afectada por la influencia de su familia. Ella podría haber fingido que no vio la puerta, pero decide seguir adelante porque, aunque la situación parece peligrosa, inconscientemente sabe que investigar la situación será para su beneficio. La configuración cuadrada de la puerta escondida me sugiere un arquetipo que más tarde me identifiqué como la sombra del guerrero.

El cuarto sueño va a la raíz de la ansiedad y la incertidumbre de los años formativos del soñador. El matrimonio en el sueño simboliza la vinculación psicológica con su ego que ha sido sometido por el miedo. Su reacción al envenenar al pretendiente muestra que el miedo se arraigó en sus sentimientos. Disolver el corazón con veneno muestra cómo el soñador intenta apagar sus emociones. El veneno representa los pensamientos tóxicos. Sin embargo, el pretendiente regresa con un corazón artificial simbolizando que los sentimientos de la soñadora fueron reemplazados por otros. El envenenamiento a sí misma da como resultado un matrimonio con un sádico, lo cual es la forma de mostrar la evolución de sus adversidades. El vergonzoso vestido de novia tiene dos niveles de significado: uno, el matrimonio «no le queda a la medida»; dos, el pecho de la soñadora la hace sentir incómoda. Este sentimiento tiene sus raíces en el segundo sueño, cuando ella es adolescente y no encuentra «identidad» con su género, lo cual agrede a su propia autoestima e imagen, esto implica que a la soñadora se le negó la oportunidad de aprender a usar maquillaje y manejar su cambio físico de niña a mujer.

En el quinto sueño se manifiesta que la soñadora es esclava de un sádico, lo cual ilustra la relación del soñador con su conflicto. El conflicto debe ser «alimentado», por lo que el soñador permanece atado y prepara la comida del sádico, ¿de qué se alimenta? Sus sentimientos son representados mediante hormigas que le cubren y muerden la cara, dejándole una apariencia grotesca e hinchada.

A continuación, el sueño señala una resolución cuando dos mujeres se presentan para ayudar a la soñadora. Estas mujeres representan el potencial de sentirse fuerte y atractiva, mostrándole una imagen diferente de sí misma, equilibrada y sana. Con eso, la soñadora puede liberarse de su conflicto, simbolizado por la pelea que ella tiene con el sádico. Ella dispara el arma, en defensa propia, lo que demuestra que está dispuesta a defenderse a sí misma, pero la bala que rebota es una metáfora perfecta, de cómo la ira puede ser contraproducente. Cuando apunta a la cabeza del sádico y dispara, se ilustra que su conflicto vive en su cabeza. La soñadora debe, en primera instancia, recordar que está lidiando consigo misma, no contra un jefe de la mafia; así que por mucho que quisiera matar a su conflicto, ella tiene que matar a una parte de sí misma en el proceso. Detrás de la mujer esclavizada está una niña que, a una edad temprana hacía todo lo posible para sobrevivir, y esa niña está tratando de encontrar su camino a casa. Se requiere delicadeza y comprensión.

En el sexto sueño, la chica vuelve al hotel y recibe un mensaje de su padre. Aquí se realiza la conexión entre ella y el hombre en la oficina de correos. El mensaje que es exactamente lo que ella necesita saber para seguir adelante. Cuando era niña, la soñadora extrañaba terriblemente a su padre porque constantemente estaba de viaje por trabajo, e incluso se preguntó si algo estaba mal con ella, para que él saliera de la ciudad. Esa semilla de la duda, con el tiempo creció hasta convertirse en un conflicto.

Como podemos ver, los seis sueños están relacionados entre sí y cuentan una historia. El sobre grueso enviado por su madre es un signo de lo que vendrá, cuando se trabaja a través del mismo proceso de curación del pasado pero desde la perspectiva de su madre. La resolución del sueño, es tomar la información y utilizarla para liberarse.

El siguiente par de sueños abordan el lado oscuro de la mente, vea la sección «Personajes importantes en los sueños: sombras, ánimas y ánimus» (pág. 61).

El bebé hace dibujos increíbles

Estoy en el salón de baile de un hotel junto con mi esposa. Todos nuestros familiares y amigos están allí para celebrar el nacimiento de mi hijo, aunque en la vida real, no tengo ni esposa ni hijos.

El bebé no tiene siquiera un mes de edad y puede dibujar. No hace garabatos ni figuras inciertas, usted no esperaría que un niño normal de su edad realice imágenes claras. Sé que no está bien, pero todo el mundo piensa que es un signo de inteligencia o algo lindo. Un hombre afroamericano, del tamaño de Mike Tyson está ahí conmigo y yo le comento que es anormal que un niño de esa edad dibuje tan bien. El bebé dibuja una carita feliz en mi muñeca y luego me dice: «Tu sangre lloverá» y me hace tres cortaduras rectas debajo de la cara feliz. Me despierto muerto de miedo.

El escenario de salón y la gente indica que el sueño se refiere a relación del soñador con la sociedad. Cuando el bebé hace tres cortes en la muñeca del soñador se implica que el soñador tendrá tres hijos que continuarán con su «línea de sangre». También hay una premonición en el mensaje del bebé: «Tu sangre lloverá», lo que realmente significa: «tu sangre se esparcirá». El bebé se presenta ante la sociedad, lo que implica que el soñador finalmente tomará su lugar en la sociedad como padre. Pero la reacción del soñador es de incredulidad y de resistencia interna, el hecho de que el bebé dibuje una cara feliz, es que ser padre debería provocarle alegría.

El personaje de Mike Tyson aparece en el sueño jugando el papel de la sombra, que muestra la resistencia del soñador, quien no puede verse a sí mismo como un padre todavía; él aún está viviendo como soltero, y la idea de tener hijos le resulta una locura. La paternidad es un pensamiento aterrador para un hombre joven que todavía se está descubriendo a sí mismo. El sueño muestra que él está asustado, pero las marcas en su muñeca indican que parte de su destino está predeterminado. Sin embargo, el soñador puede elegir un destino diferente y las líneas de sangre desaparecerán. El sueño le muestra una posibilidad que se hará realidad sólo si él la elige.

El personaje de Mike Tyson, es su sombra personal, que adquiere características distintas a partir de la experiencia personal. Creo que, en este caso, un hombre, el boxeador fue elegido para representar la imagen de hombre fuerte y combativo, que es lo contrario a la forma en la que el soñador aparece en el sueño. El lado oscuro del soñador preferiría vivir sin restricciones y sin reglas como Mike Tyson, quien en un tiempo estuvo completamente fuera de control. La comparación es exagerada, pero adecuada.

Escapando

Deambulo en la casa de Laura Linney de la película Realmente amor. *Ella está molesta de tenerme ahí porque la interrumpo a ella y a sus amigos cuando están viendo una película. Me quedo dormido en la habitación de invitados, cuando despierto veo mi obra maestra: cuatro cadáveres en la cama acomodados en cruz y sangre por todas partes. Huyo de la escena, pero los vecinos están observándome y sospechan de mí. Un vecino intenta detenerme en el jardín. Entonces veo a un chico negro, lo saludo y le digo algo divertido. Él me da una palmada en la espalda y me conduce hacia una puerta de salida en la cerca. Logro escaparme.*

La película *Realmente amor* es sobre el amor y las relaciones. Así que interpreto este sueño como una historia sobre la experiencia del soñador con sentimientos sobre el amor y las relaciones. El soñador no es bienvenido en un grupo de amigos, la cual es la primera señal de que algo no está bien. El personaje de Laura Linney representa al ánima, la cual lo rechaza.

La escena en la cama es la siguiente pista que apunta a algo tergiversado. Los cuatro cuerpos ensangrentados colocados en forma de cruz, implica la muerte de algo en la psique. Por otro lado, también podría ser forma inconsciente de pedir ayuda, como «cruz roja». Sin embargo, el soñador dice que eso es su «obra maestra». Considero que sólo un ego influenciado por la sombra podría ver una escena así. Él observa el desastre que ha creado de sí mismo y se siente orgulloso de ello. Conectando ambas escenas, me pregunto si el soñador ha pasado por un trauma en su vida amorosa, que lo hizo indiferente. Para llenar el vacío dejado por la pérdida o la falta de amor, una persona puede transformarse para protegerse contra el dolor o decepción. La habitación es un lugar donde una persona sueña, y los «sueños» representan, las esperanzas y las aspiraciones. Así que, por las acciones implícitas, vemos que el soñador se vuelve contra sí mismo y «asesina» sus esperanzas y aspiraciones. Dormir en un sueño, puede ser una forma de decir que algo pasa inconscientemente, el soñador es impulsado por fuerzas internas, pero no es consciente de

ello; él está durmiendo a través de la vida. La reacción del soñador al huir, muestra que él sabe que hizo algo perjudicial
y los vecinos que lo miran desde afuera indican que su mente inconsciente percibe sus acciones como un peligro para sí
mismo. Entonces, finalmente, aparece su sombra: el chico que
lo ayuda a escapar, él es una representación de su lado oscuro,
simboliza la voz interior que conduce al soñador por el mal
camino. Se confirma que este personaje simboliza a su sombra, cuando éste le da una palmada como si fueran amigos y
le muestra una ruta de escape.

En los dos ejemplos que acabamos de ver, el hecho de que
los personajes sean afroamericanos no quiere decir que los
personajes de piel oscura siempre sean la representación de la
sombra, sólo que el negro como un color, está estrechamente
vinculado con lo desconocido, y la sombra es todo lo desconocido de uno mismo. A veces es más fácil interpretar un
sueño, comenzando por el final y trabajando hacia adelante.
En este sueño, el último personaje determina la naturaleza del
sueño, está fuertemente influenciado por la sombra. La sombra
intentará hacer que el soñador crea que es su amigo, la única
persona que puede confiar, cuando en realidad él tiene que
hacerse cargo de su persona tanto como pueda.

Consejo

La sombra puede revelar verdades ocultas de usted, pero todo lo
que la sombra le diga tiene un precio. La mejor manera de manejar a su sombra es prestándole atención, pero sin darle demasiada
importancia. No deje de lado sus sentimientos. Ilumine cada
rincón oscuro de su conciencia para sacar lo oscuro de sus es-
condites. La ruta de escape es un símbolo de cómo la sombra
ofrece justificaciones para que la conciencia se sienta mejor,
huir de los sentimientos de culpa o de dudas. Al hacerlo, el
soñador sigue la dirección de su sombra.

Salir del jardín, me parece una metáfora como cuando Adán

y Eva fueron echados del Jardín del Edén. Sin embargo, no puedo asegurar nada el respecto de este sueño porque el soñador no respondió a mi interpretación.

La danza de mi alma

Estoy sentado en un teatro repleto, viendo una fantástica danza en el escenario. Para obtener una mejor visión uso un lente telescópico, que es un cilindro largo de latón antiguo, y veo que los bailarines se mueven con elegancia en un círculo girando en el sentido de las manecillas del reloj. Me recuerda al Cirque du Soleil por el flujo y la coordinación de la danza, y por los trajes de los bailarines, las plumas y la luz. Lo que veo es como un caleidoscopio de vida, formas y colores que emergen y retroceden.

Éste es uno de mis sueños más poderosos, y comprendí poco a poco que lo representado en el baile era mi ser más íntimo. El lente telescópico en forma de cilindro ofrece una visión de este proceso interno, mostrándome que detrás de mi vida está la belleza y la gracia de mi vida interior. Que lo más profundo de mi ser está separado de mi vida externa, lo cual se expresa en el sueño cuando yo veo todo el espectáculo a distancia, sin embargo, de mi interior surge todo. La coordinación de mis aspectos interiores arma un baile caleidoscópico en el centro de mi alma. Incluso la asociación al Cirque du Soleil, que significa «Circo del Sol» une las ideas, porque el Sol es el centro del sistema solar y da vida.

Antes de concluir, resumiremos el proceso para descubrir y vivir los sueños:

1. Reconozca la importancia de sus sueños y recuérdelos. Escríbalos. Conozca su estructura, sus símbolos y sus componentes narrativos.

2. Descubra el significado de sus sueños mediante la asociación de los detalles con su vida, averigüe si cuentan una historia acerca de su vida interior o exterior. Preste mucha atención a sus sentimientos, y recuerde que casi todo es simbólico. Descifre los juegos de palabras.

3. Viva sus sueños, haciéndolos parte de su vida diaria y después analice hacia dónde lo conducen. Trabaje con sus sueños mientras está despierto, dese cuenta que son producto de su imaginación. Utilice sus sueños para construir su futuro.

Este proceso lo ayudará a comenzar un viaje de autodescubrimiento, con los sueños como su principal guía. Vaya a donde lo conducen, yo le aseguro que irá siempre en la dirección correcta y podrá disfrutar el trayecto. Todo lo que necesita para llegar a su destino se encuentra dentro de usted. Sólo cierre los ojos y preste atención.

¡Sueñe feliz!

Conclusión

No puedo garantizar que cada interpretación sea cien por ciento exacta. Muchos de los ejemplos que utilizo en este libro provienen de Internet y, aunque la mayoría de los soñadores confirmaron las interpretaciones, algunos no respondieron. Sin embargo, estoy seguro de haber llegado a la interpretación correcta, en las interpretaciones que se refieren a mis propios sueños o de personas cercanas a mí. Pasaron varios años para descifrar totalmente algunos de mis sueños, y estoy seguro de las interpretaciones, ya que éstas fueron confirmadas mediante otros sueños y acontecimientos posteriores. Además, la mayoría de las descripciones e interpretaciones se condensaron para facilitar la lectura. Un factor importante en la interpretación de los sueños es la subjetividad, por lo que en lugar de obsesionarse con tener siempre la razón, me enfoco en mostrar el proceso. La interpretación de los sueños debe ser intuitiva y natural. Todo el mundo sueña, por lo tanto, todo el mundo es un intérprete de sueños. Como he dicho antes, usted es el autor de sus sueños, por lo que usted debe saber lo que significan las historias.

Un intérprete de sueños sólo lo ayuda a recordar lo que ya sabe.

También me gustaría señalar que si bien la interpretación de sueños se apoya en el estudio de la psicología, este facto no es en absoluto necesario. Yo no soy psicólogo, enseño periodismo en la universidad.

La interpretación de los sueños solía ser una tradición familiar y de la comunidad, que se remonta a miles de años. Por lo que debe ser parte del conocimiento común y puede serlo de nuevo con la guía correcta.

Si usted desea compartir sus sueños y conocer a una gran comunidad de entusiastas de los sueños, entre al foro de Reddit <*http://www.reddit.com/user/RadOwl*>.

Paz,

Jason M. DeBord

NOTA

Si le gustó este libro, me gustaría que me ayudara a difundirlo. Su opinión sobre él en Amazon o Goodreads hace que mi trabajo sea valorado. Cada mención en los medios o redes sociales se aprecia profundamente. ¡Gracias!

Bibliografía

Faraday, Ann. *The dream game.* New York: Harper & Row, 1974.

Johnson, Robert A. *Inner work: using dreams and active imagination for personal growth.* New York: Harper & Row, 1989.

———. *Owning your own shadow: understanding the dark side of the psyche.* San Francisco: Harper & Row, 1993.

Jung, C. G., *et al. Man and his symbols.* New York: Dell, 1968.

Moore, Robert, and Robert Gillette. *King, magician, warrior, lover: rediscovering the archetypes of the mature masculine.* New York: HarperOne, 1991.

Pesavento, Larry. *Toward manhood: into the wilderness of the soul.* Cincinnati: Larry Pesavento, 2010. Disponible en Kindle.

Sechrist, Elsie. *Dreams: your magic mirror.* New York: Cowles Education Corporation, 1968.